JN076219

「天地の対話」シリーズ　1

あの世とこの世の仕組み

あの世の科学者との対話を通して見えてきた真実

サラ・プロジェクト代表
三上直子

ナチュラルスピリット

【図1】〈あの世〉と〈この世〉をつなぐ脳

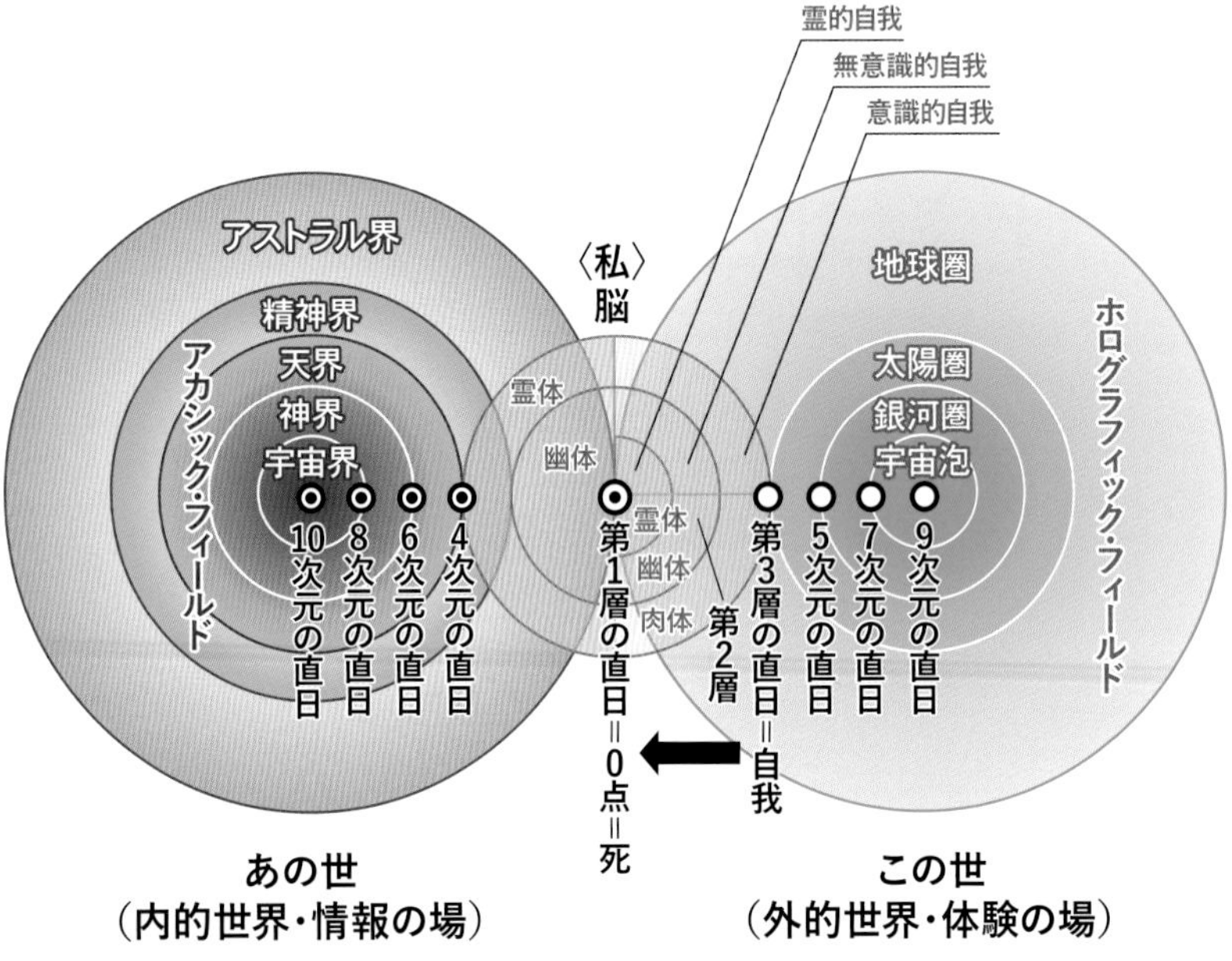

（2020年12月13日 No.12）

【図2】〈あの世〉と〈この世〉の成り立ち

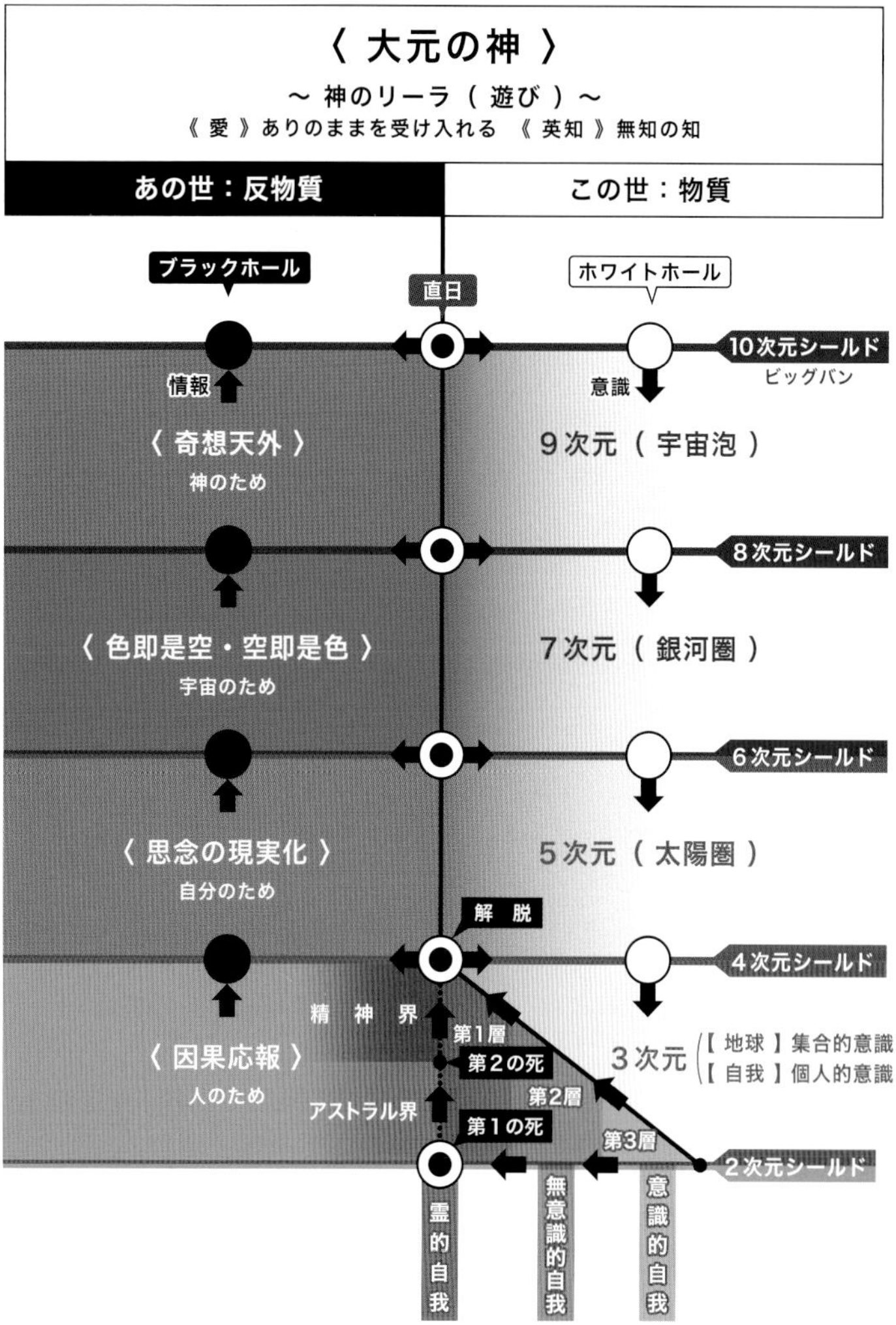

（2019年11月29日 No.8）

【図3】宇宙の構図

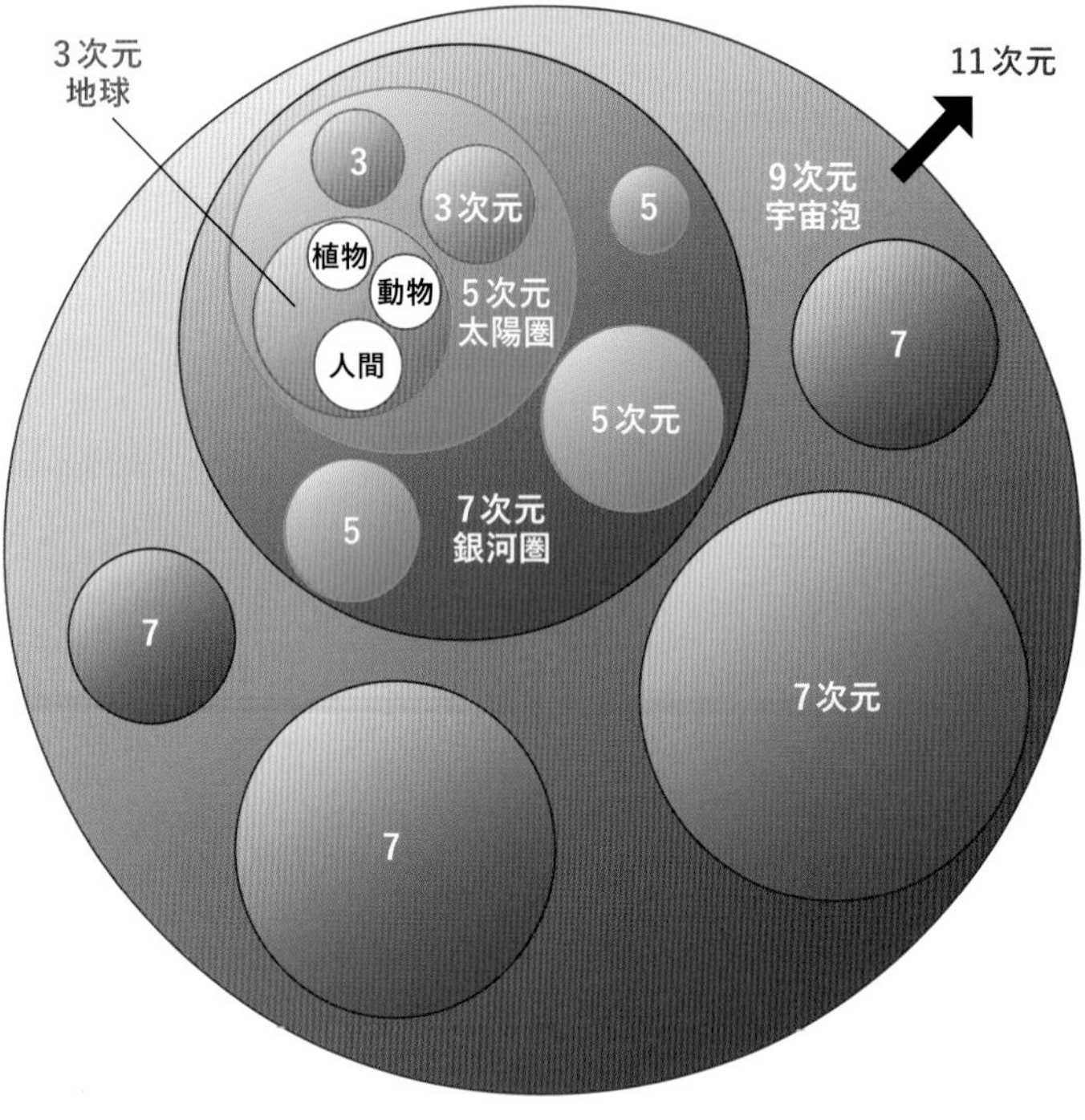

（2020年6月22日 No.10-1）

【図4】私とは…脳との関連において

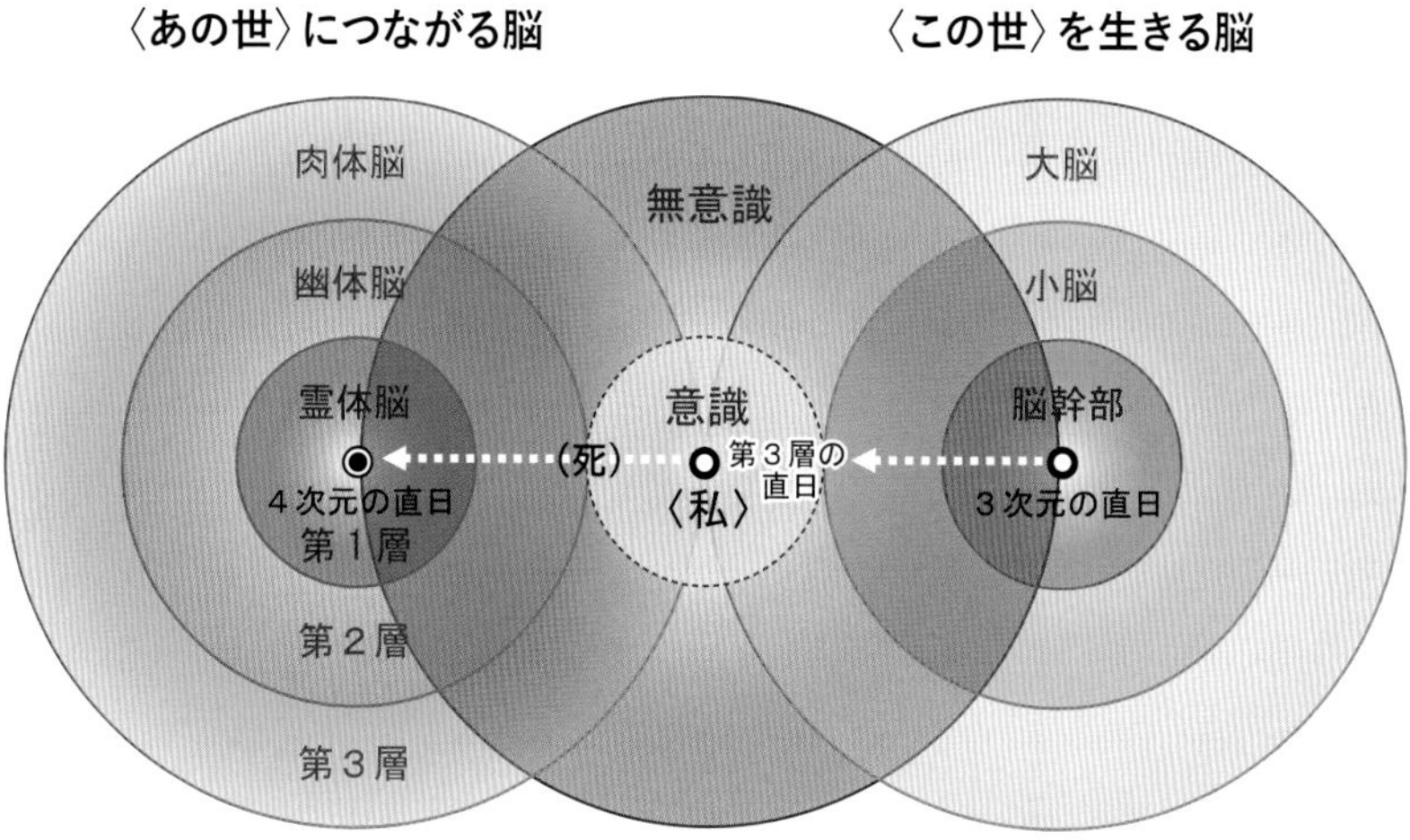

私＝意識している範囲

(2021年2月16日 No.13)

【図5】私→神に至るプロセス

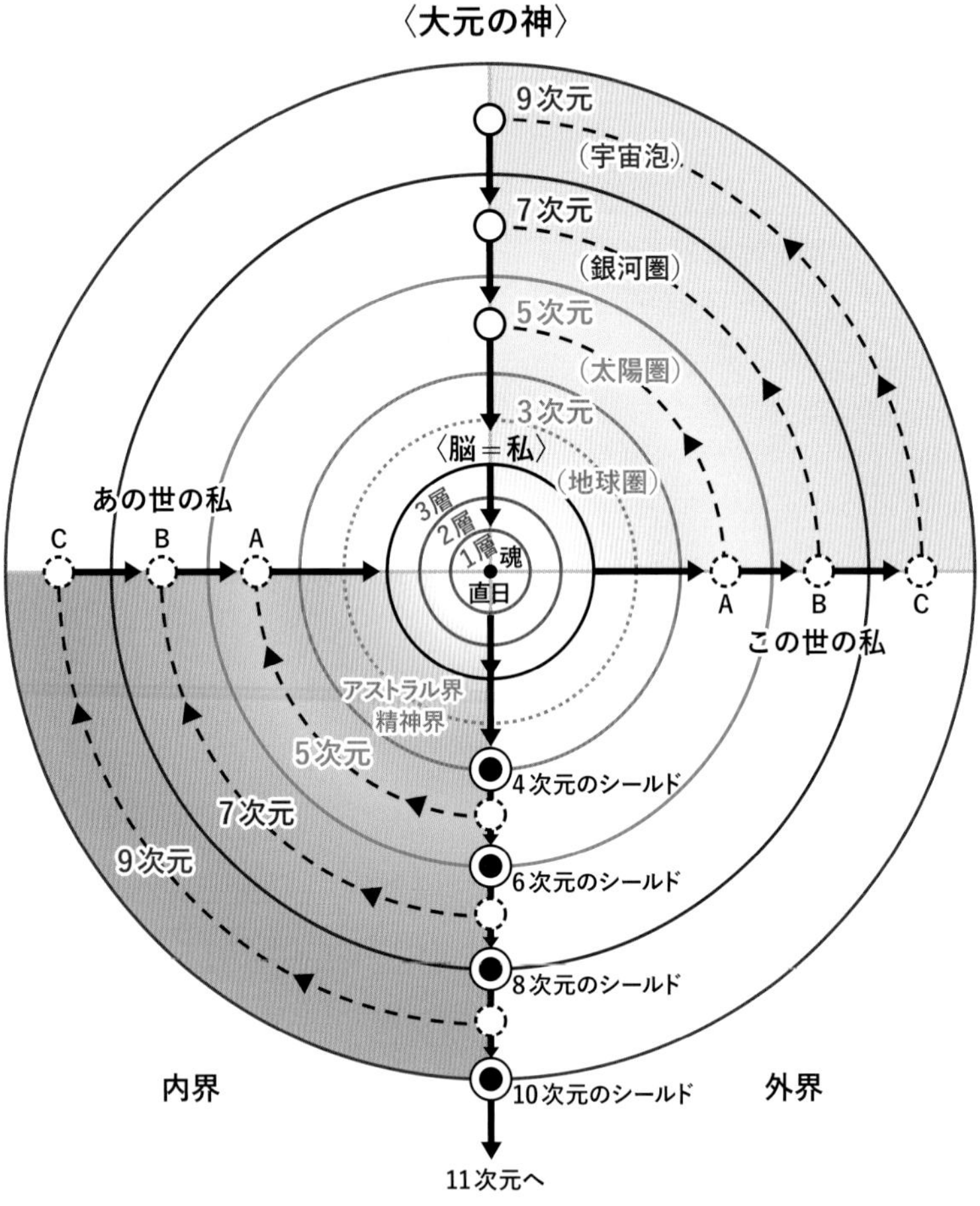

（2020年7月14日 No.11-3）

【図6】〈3次元の直日〉を中心とした横軸と縦軸

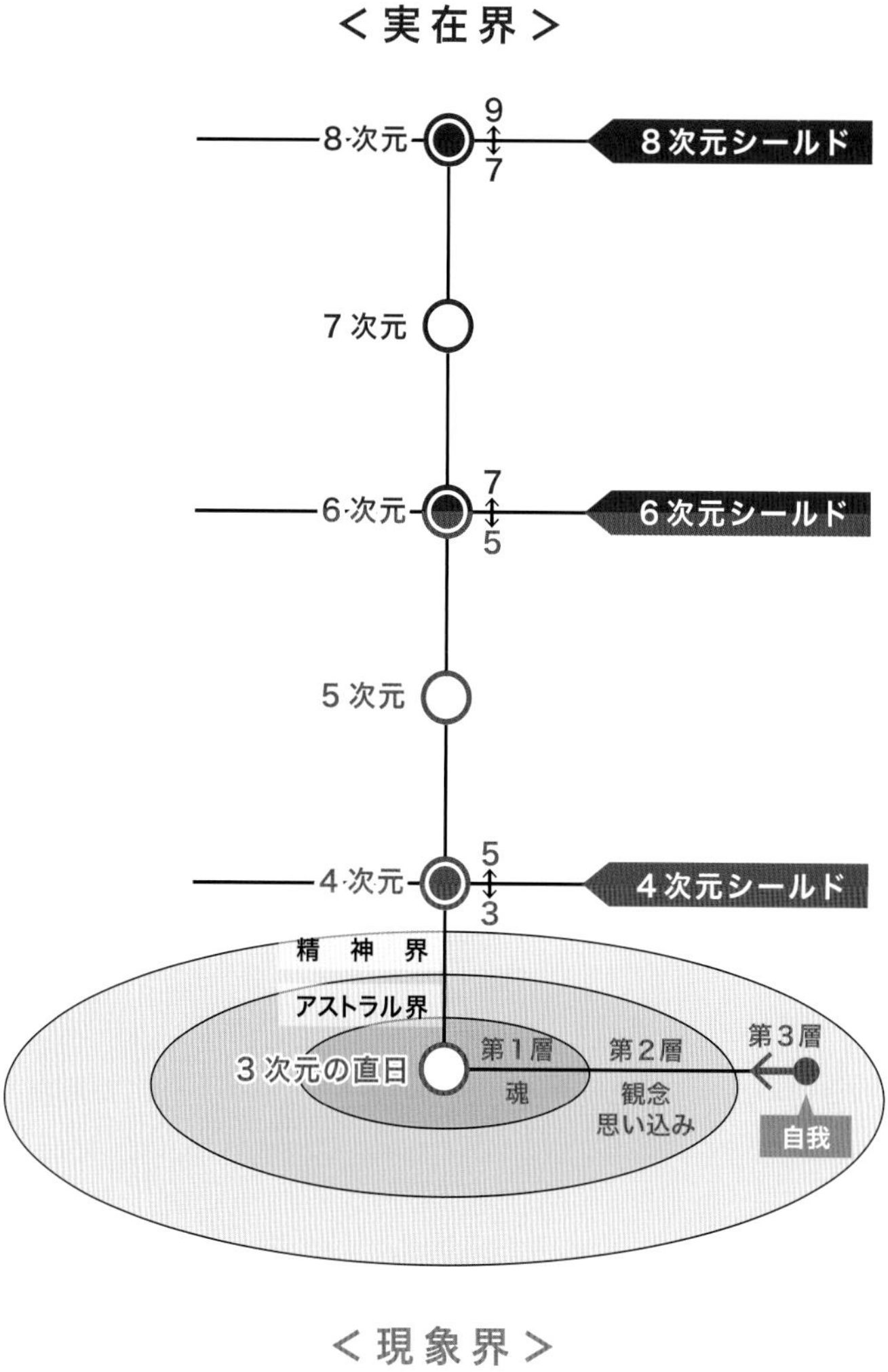

（2019年2月18日 No.3）

【図7】〈4次元の直日〉を中心とした横軸と縦軸

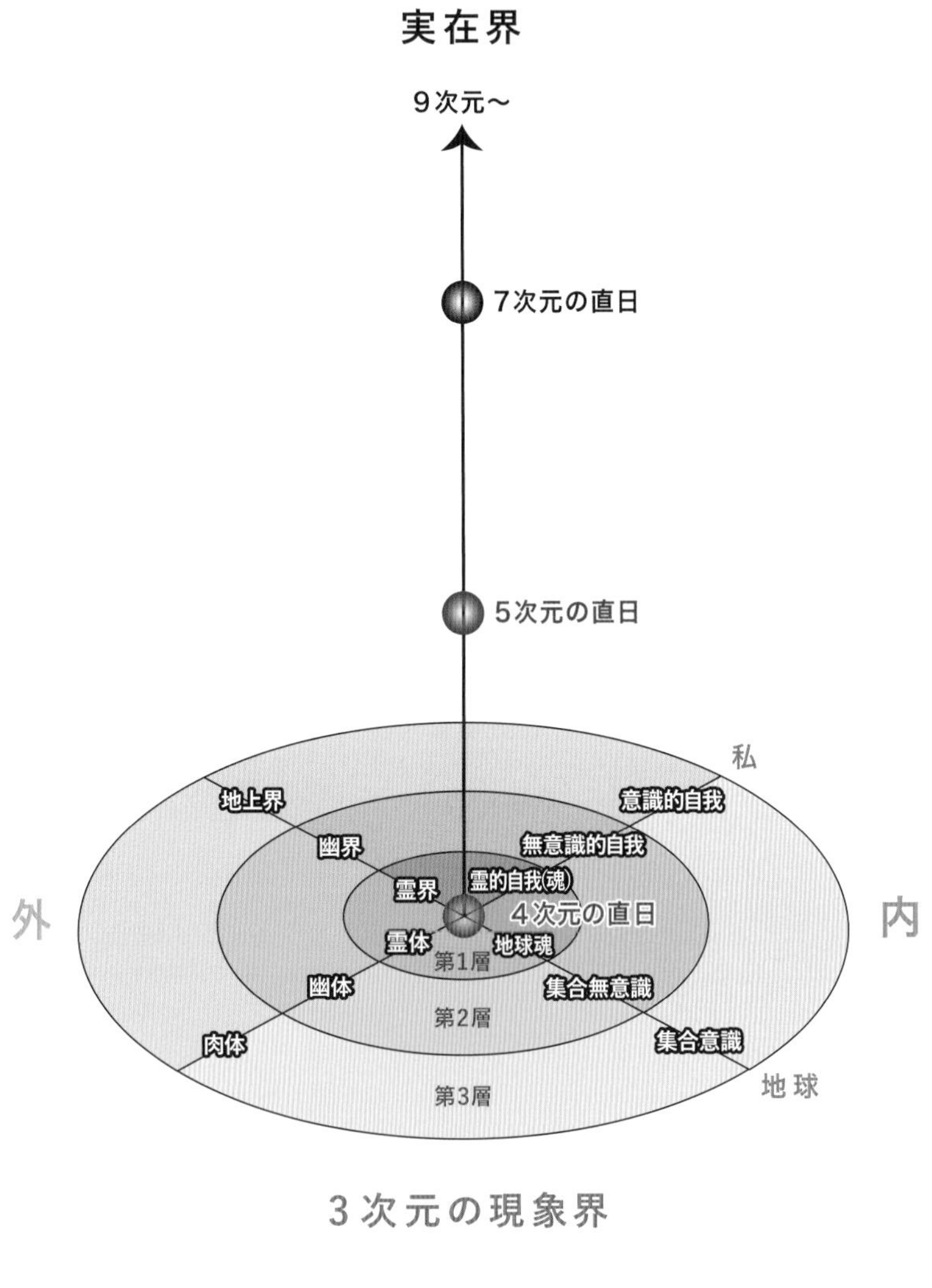

（2019年2月18日 No.4）

【図8】天と地の対話

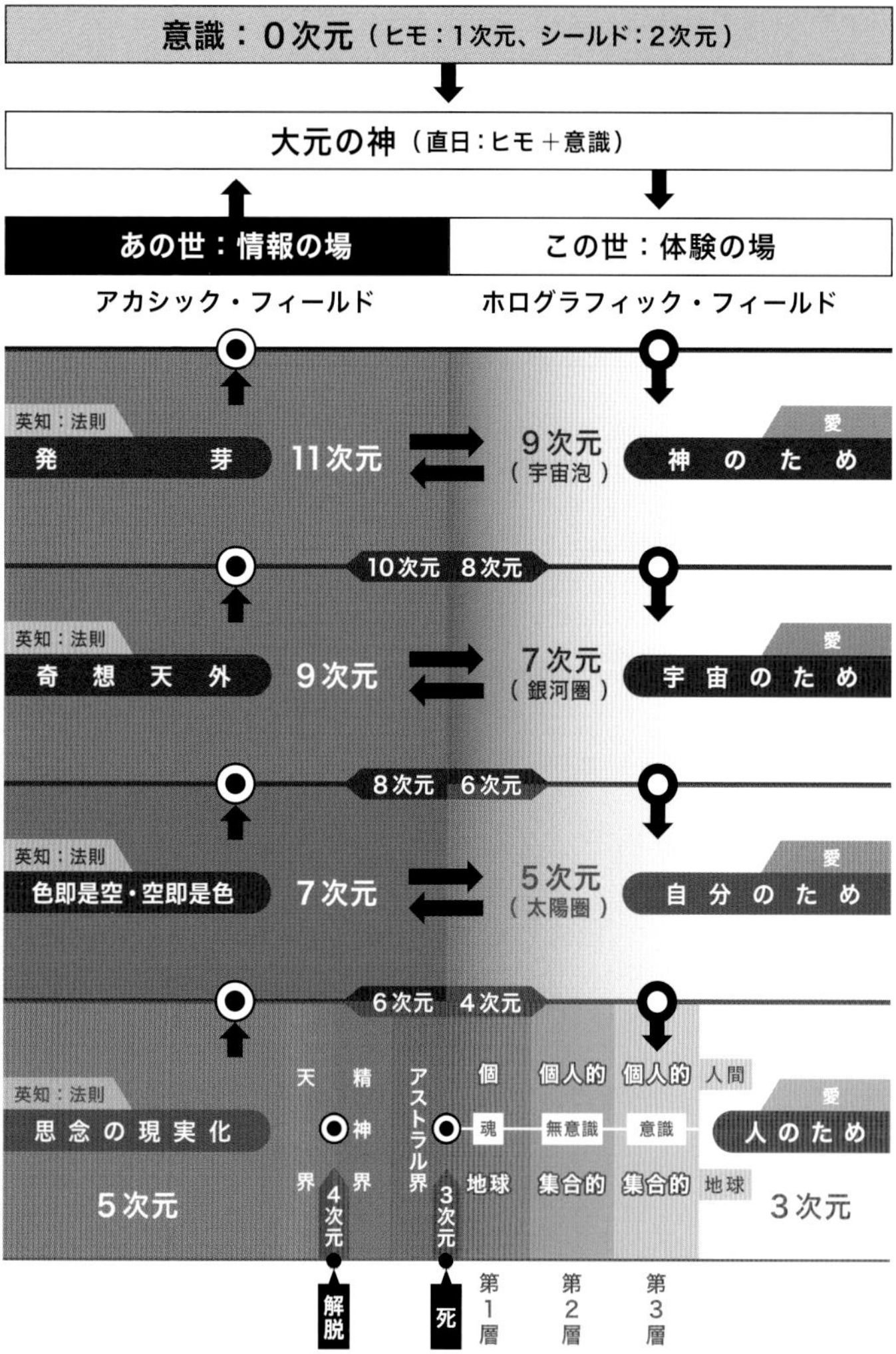

（2020年6月7日 No.9）

これまでに作成した図一覧

No.1
地球圏の仕組み
（2017年12月16日）

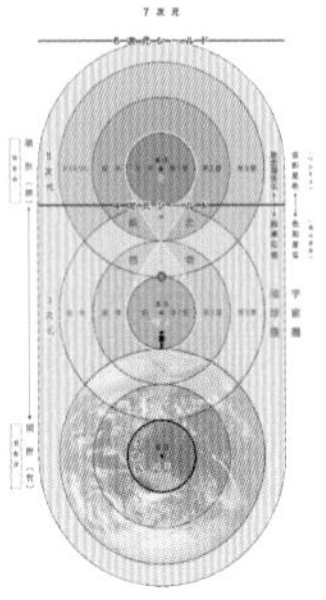

No.0
直日ネットワーク
（2007年）

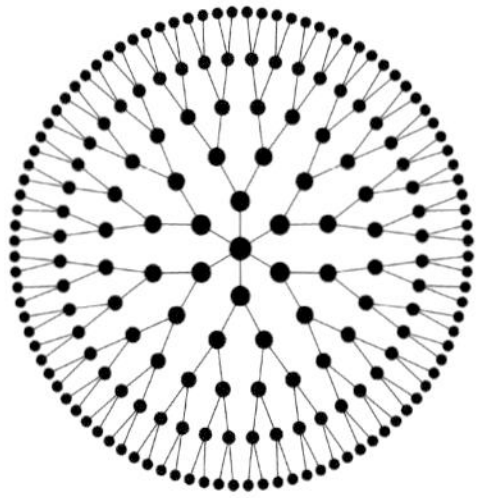

No.3
〈3次元の直日〉を中心とした横軸と縦軸
（2019年2月18日）

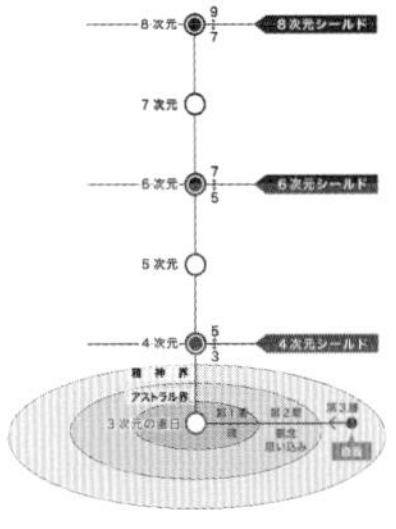

No.2
直日図
（2018年4月10日）

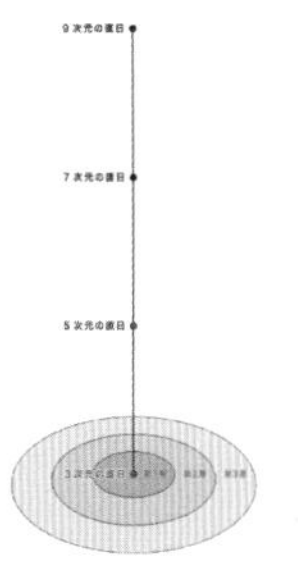

No.5
宇宙の構造
（2019年2月18日）

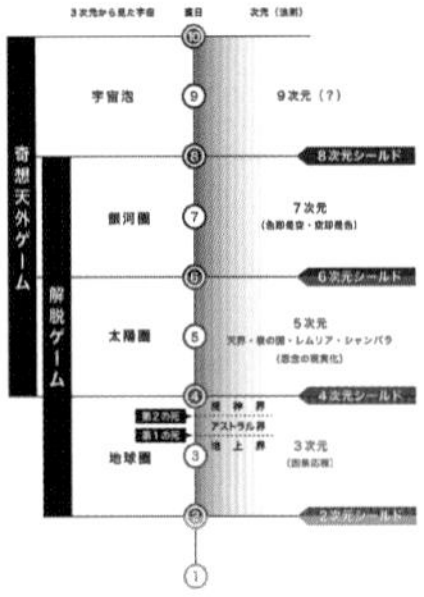

No.4
〈4次元の直日〉を中心とした横軸と縦軸
（2019年2月18日）

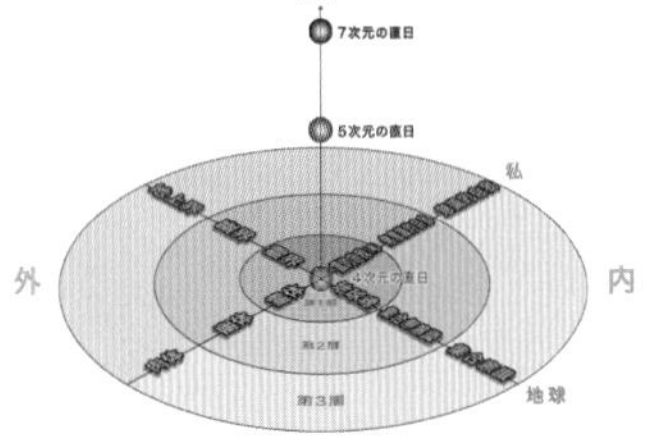

No.6
古い地球と新たな地球1
（2019年5月16日）

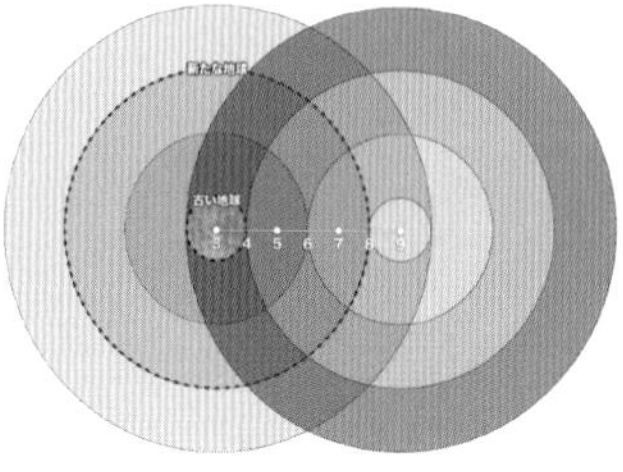

No.7
古い地球と新たな地球2
（2019年5月16日）

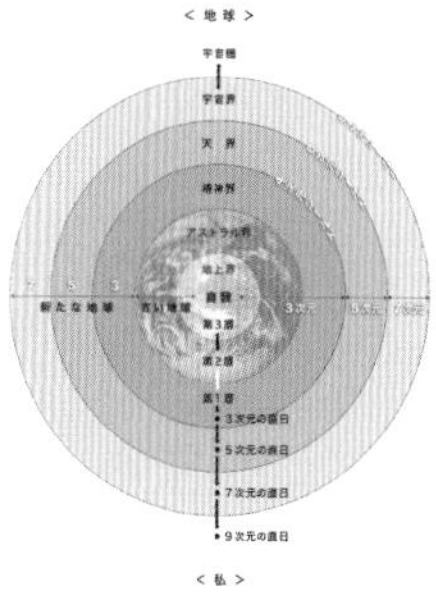

No.8
〈あの世〉と〈この世〉の成り立ち
（2019年11月29日）

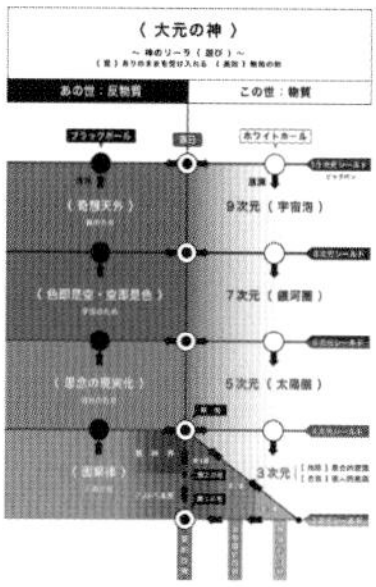

No.9
天と地の対話
（2020年6月7日）

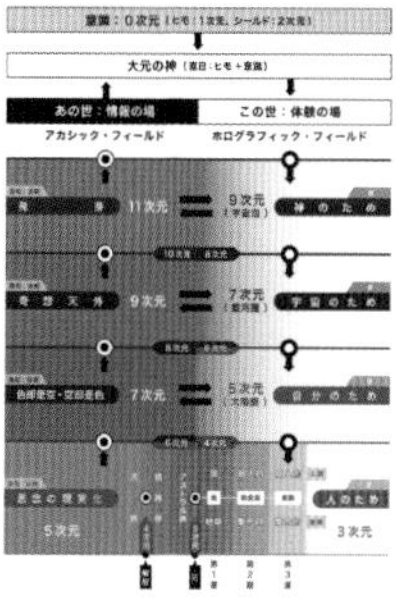

No.10-1
宇宙の構図1
（2020年6月22日）

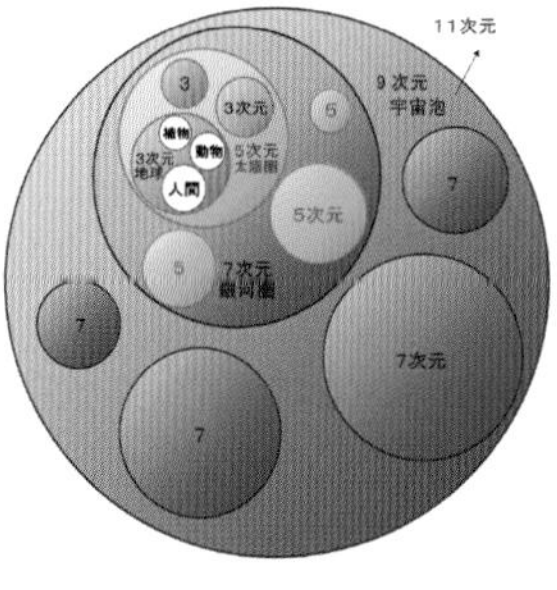

No.10-2
宇宙の構図2
（2020年6月22日）

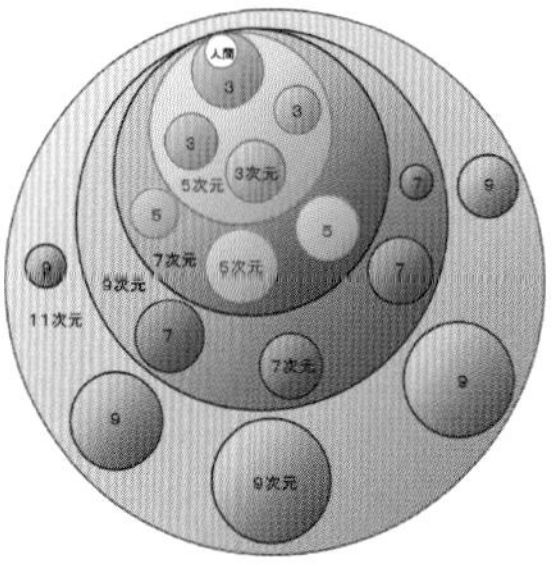

No.11-1
神と脳と私
(2020年7月14日)

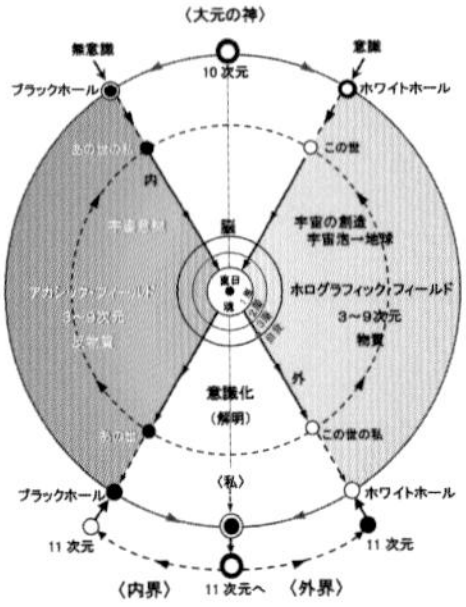

No.10-3
宇宙の構図3
(2020年6月22日)

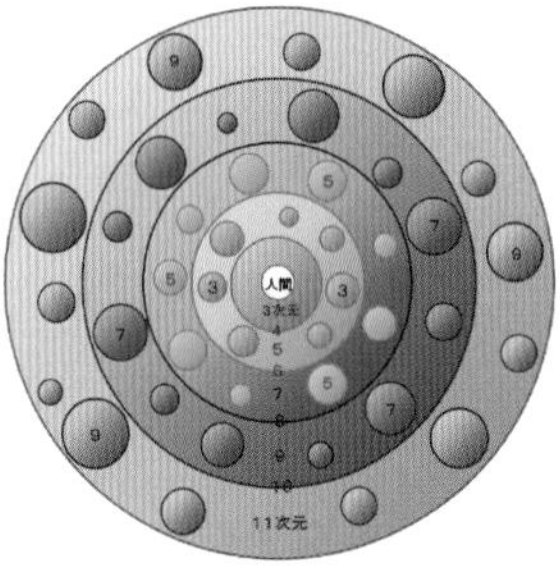

No.11-3
私→神に至るプロセス
(2020年7月14日)

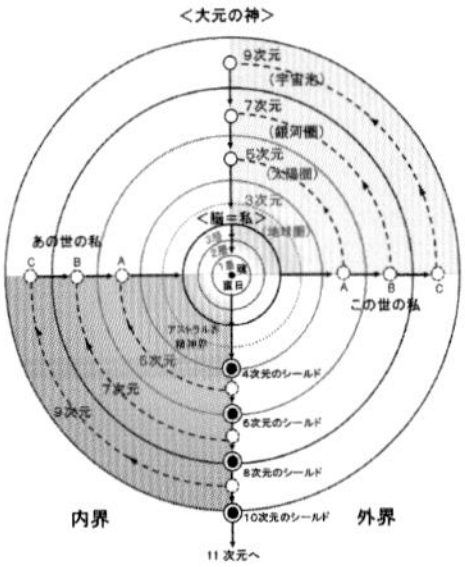

No.11-2
私と脳と神
(2020年7月14日)

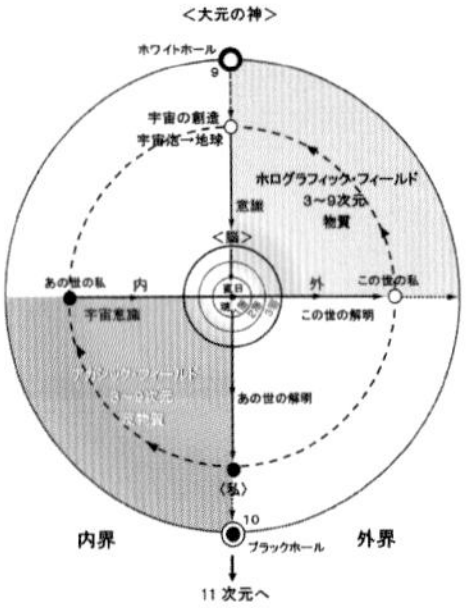

No.13
私とは…脳との関係において
(2021年2月16日)

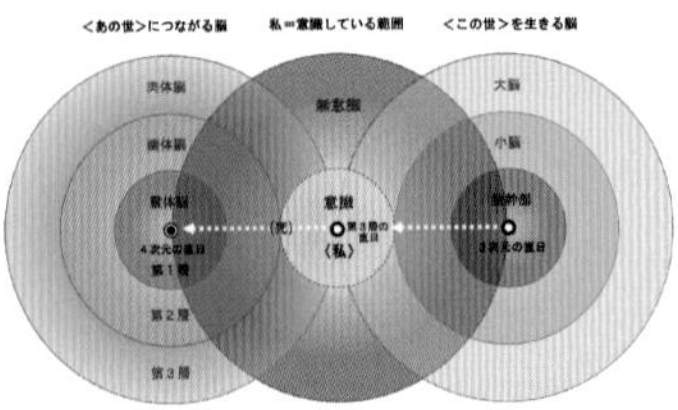

No.12
〈あの世〉と〈この世〉をつなぐ脳
(2020年12月13日)

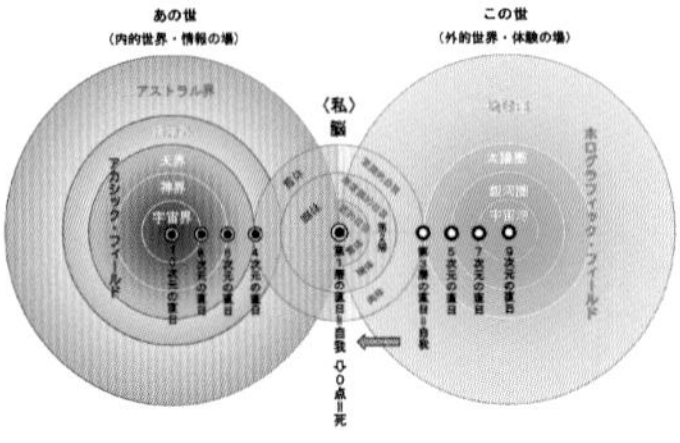

＊各図の解説は、HP (https://sara-project.jp/message/) に掲載

目次

第1部 〈あの世＝アカシック・フィールド〉の科学者との対話

第2部 〈天地の対話〉による〈現代科学の限界〉への挑戦

【凡例】（注）は短いものは文章内または文末に（※）として記載。
長いものは（注）として各部または章末に記載している。

はじめに

本文に入る前に、まず簡単な自己紹介をしておきたいと思います。

「学生時代の得意科目は?」と聞かれたなら、数学や物理と答えていたようにも思いますが、なぜ大学での専攻を心理学にしたかというと、高校時代に一時期、実存哲学にはまっていたせいかもしれません。そのため、〈科学と哲学の間の心理学〉という選択でしたが、当時通っていた大学は、学習心理学や認知心理学などの実験心理学が中心でした。

しかし、私が卒論として選んだのは、現象学的アプローチによる「現存在分析」というもので、科学的手法を用いるようになったのは、大学院に入ってからのことでした。それは、描画テストの結果を100項目余りの分析項目によって評定し、それを統計的に比較するというものでしたが、それにしても「描画」という曖昧なものを対象としての分析でした。

また、大学在職中はよく学生たちから「先生はなぜ心理学を選んだのか」と聞かれましたが、そのたびに、「人間一人の世界は、宇宙に匹敵するほどの謎を含んでいる。その謎解きが好きだから心理学を選んだ」とも答えていました。それは本心からの答えで、さまざまな臨床の場でクライエントの前に座るたびに、共に始める人生の謎解きに心が躍りました。

なぜこのような話から始めたかというと、これから語る内容は一般的には途方もなく妄想的に取られかねない内容だからです。そのため、一応私は科学的思考や論理的思考を重んじる人間であることを、お断わりしておきたいという気持ちがありました。

ただし、真理を探究するためには、科学者としてのアイデンティティーや、何らかの専門分野に固執するつもりもありませんでした。そもそも各専門分野を作ったのは人間ですし、科学と宗教、理系と文系などに分けたのも人間によるものです。しかし、この宇宙も人間もトータルとして存在しているので、その謎を知ることができるならば、私はどのようなアプローチであっても柔軟に取り入れていきたいというのが、これまでの基本的スタンスでした。

前置きが長くなりましたが、ここからはいよいよ怪しい本論に入っていきたいと思います。

心理学者のユングは、人生の折り返し点となる40歳頃に、〈自我〉から〈自己〉へと中心を移すような、一大転機を迎えると述べていますが、私もその当時、それまでの臨床心理学的なアプローチに行き詰まりを感じて、他領域をいろいろと模索するようになっていました。その結果、最終的にたどり着いたのが〈心霊学〉、いわゆるスピリチュアリズムと言われる領域だったのです。

そのプロセスは、すでに『〝則天去私〟という生き方　心理学からスピリチュアリズムへ』（コスモス・ライブラリー、２００６）という本にまとめているのでここでは省略するとして、そこで最初に学んだのが因果応報の法則というものでした。これは、一般的には「悪いことをしたら罰が当たる」と取られがちですが、本来は悪因悪果だけでなく善因善果の両面を含むものです。

果たしてそれが本当にこの世で働いているものかどうか、一応研究者の冷静な目で自分の日常生活や来談者の相談内容を注意深く観察するようになりました。普通は、選択の結果がどのように働くかなどは見過ごしているものと思いますが、意識的に観察すればするほど、その法則が厳密に働くさまは驚嘆すべきものがありました。

そこから私の心霊学に関する興味が深まっていきましたが、その後は自然な成り行きで「人間存在とはいかなるものか」、「神は実在するのか」、「我々はどこから来て、どこへ行くのか」、「あの世はあるのか、あるとしたらどのような世界か」などについての本を、次々と読み漁っていきました。

それらに共通して書かれていたことを簡単にまとめるならば、次の「米国スピリチュアリスト連盟の八箇条の宣言」（1893年）に集約されると言っていいかもしれません。

❶われわれは無限なる叡智（神）の存在を信じる。

❷われわれは物的・霊的の別を問わず、大自然の現象はことごとくその叡智の顕現したものであることを信じる。

❸われわれはその大自然の現象を正しく理解し、その摂理に忠実に生きることこそ、真の宗教であると信じる。
❹われわれは自分という個的存在が、死と呼ばれる現象を越えて存続するものであることを確信する。
❺われわれは、いわゆる死者との交信が科学的に証明済みの「事実」であることを信じる。
❻われわれは人生最高の道徳律が「汝の欲するところを他人にも施せ」という黄金律に尽きることを信じる。
❼われわれは人間各個に道徳的な責任があり、物心両面にわたる大自然の摂理に従うか否かによって、みずから幸・不幸を招くものであることを信じる。
❽われわれは、この世においても死後においても、改心への道はつねに開かれており、いかなる極悪人といえども例外ではないことを信じる。

そして、❺の「われわれは、いわゆる死者との交信が科学的に証明済みの『事実』であることを信じる」ということが、私たちにも実際に起こるようになったのです。

この〈死者との交信〉（私たちは〈天地の対話〉と言ってきましたが）は、2012年10月から始まって今日までずっと続いており、その記録は2700枚を超える膨大な量になっています。その一部は、すでに『サラ・メッセージ―生と死、スピリチュアリズムの神髄』（サラ企画、２０１６）、『コナン・ドイルは語る―リセットのシナリオ』（同、２０１６）などとしてまとめています。

本書は、その記録の中から、〈あの世の科学者〉との対話によって、〈あの世〉と〈この世〉の成り立ちを探究してきた結果をまとめたものです。

結論を最初に述べるならば、それによって描き出された世界は、まさに〈色即是空・空即是色〉で、「意識すればそれはあるし、意識しなければそれはない」というものでした。また、それは現代物理学が到達した「量子力学」や「超ひも理論」とも重なる部分が多かったので、素人なりに必死でそれらの理論を学ぶことにもなりました。

そうすると、もはや物理学においても「宇宙の始まりと終わり」が盛んに語られるようになっていますし、「宇宙はなぜこんなに人間にとってうまくできているのか」（人間原理）、「多次元世界」、「マルチバース」、「パラレルワールド」、「宇宙の輪廻」など、これまで私たちが〈天地の対話〉によって示されてきた世界観と、かなり重なる部分が多かったのです。ただし、私たちの場合は、科学が避けて通ってきた意識という側面から、あの世とこの世の成り立ちについて探求してきたことになります。

結局、今にして思えば、心理学から出発した私が、図らずも意識や無意識、そして脳を中心として、宇宙や人間の成り立ちを考えていくというのは、ある意味必然的なプロセスだったのかもしれません。現代の脳科学にしても量子物理学にしても、科学を標榜する限りは〈意識〉というのはタブー領域になるようですが、どちらももはやそれを避けては通れないところまできているのではないかと、私は思っています。

その点、あの世の科学者はそのようなこだわりがないので、思う存分、〈意識〉を基盤とした宇宙論について、共に語り合うことができました。本書は、そのように意識や脳を中心に据えての宇宙論であり、この一見荒唐無稽な見方が、現代の科学者の方々にとっても何らかのヒントになることを願いつつ、一つの宇宙論、人間論として提示してみたいと思います。

序
〈天地の対話〉とは

1 〈天地の対話〉の方法

❶ チームによる受信

〈天地の対話〉、いわゆる死者との交信とか霊界通信とか言われているものに、例えば『シルバー・バーチの霊訓』（潮文社）や『ホワイト・イーグルの霊言集』（でくのぼう出版）などがあります。そのような世界的に定評のあるものは、霊媒が単独で受けるのではなく、それを見守りコントロールする審神者《さにわ》役の人が付いていました。その具体的な役割は、霊媒の意識を発信先に向け、具体的な質問をし、受信された内容の真偽のほどを判定する、というものです。

本書で紹介するメッセージも、すべて霊媒と審神者のペアで受信してきたものです。私たちは東京から伊勢に移ってきた者同士ですが、審神者役の私は２００７年から東京と伊勢の二重生活を続けた後に、２０１６年からは本格的に伊勢で暮らすようになり、霊媒役の蓮《れん》さんは２００９年から家族共々伊勢に移住してきました。やはり伊勢という地は、〈天地の対話〉には最も適した場所だったようで、お互いにこのメッセージを受信するために、伊勢の神様に呼ばれてきたとさえ思っています。

実際に受信が始まったのは2012年10月からでしたが、しばらくはウォーミングアップのような内容と、基盤固めのための状況が続き、本格的にメッセージが降りてくるようになったのは2015年1月からでした。途中もう一人の霊媒の友紀子さんが加わり、霊媒2人と審神者1人の3人のチーム(サラ・チーム)でこれまで受信してきましたが、8年間ほぼ毎日続いてきたのは、そのようなチーム力によるものだったように思います。

これまで、さまざまな霊媒の方々を見てきて思うのは、とかく霊能者というのは「全知全能感」に陥りやすいのではないか、ということです。霊能者が徐々に教祖化して、それが社会問題化する場合は、その全知全能感という慢心が、徐々につながり先を低くしてしまうという問題があったのではないでしょうか。それを防ぎ、高次元のメッセージを受け続けるためには、霊媒自身の自己研鑽は不可欠であり、生身の人間としての非力さや不完全さをしっかりと自覚した上で、謙虚に受信し続けるしかないものと思います。

それを実践するために、私たちが〈天地の対話〉と並行して行っていたのは、〈魂の対話〉と呼ぶものでした。天地の対話を〈縦軸対話〉と言っていたのに対して、人間同士で行う魂の対話は〈横軸対話〉と呼んできましたが、それは普段気付かずにいる自分を「ありのままに見て―受け入れて―学ぶ」ために、無意識層に押し込めているさまざまな感情や、個人的観念・

集合的観念を一つずつ認識して手放していくための〈対話〉です。

それをサラ・チームの3人は、週に3回、2〜3時間ずつ続けてきましたが、それ以外にも外部から〈魂の対話〉に参加を希望する方々に対しても、一泊二日の集中的な対話を提供してきました。それは、2016年8月から始めて、2021年6月現在まで合計185回行われています。

それに続くメールでの対話は、カウントできるだけでも6800回ほどになっていました。

私はその対話の〈センター〉という役を務めてきましたが、「これまでの臨床心理士やファシリテーターとしての40年以上に及ぶ訓練はこのためであったか」と思ったほどです。

ただし、そのセンターの役割は、通常のカウンセラーとは異なり、フロイトの精神分析的要素も含んではいましたが、どちらかというとソクラテスの対話のように〈無知の知〉を基盤とした厳しい突っ込みを伴っていました。（※実際に〈あの世〉のフロイトとソクラテスが登場して対話することもありました）

そのため参加者は、実数としては100名ほど、延べ人数は450名ほどでしたが、現在もなおその対話に残っている人は10名程度になっています。しかし、そのような厳しい横軸対話を続けてきたからこそ、縦軸としての〈天地の対話〉が今まで続いてきたのでしょうし、つながり先も次第に次元を上げていくことができたのではないかと思います。

これからまとめる内容は、そのような横軸対話を基盤として、天地の協力によってまとめてきたものとしてご覧ください。

❷メッセージに有名人が多い理由

これからご登場いただく〈あの世の方々〉は、例えばアインシュタインやホーキングなど有名人ばかりになるので、それ自体がいかにも怪しく見られがちでした。それゆえ、まずそれについて説明した、次のメッセージをご覧ください。

『有名人とはいい意味でも悪い意味でも、みなの学びのためにモデルとなっているところがあります。例えば、ヘレン・ケラー、キューブラ・ロス、マイケル・ジャクソンなど、どの方をとってもテーマが明確で、なおかつその精神内界の複雑さや繊細さ、そしてそこからの学びの多さは突出したものがあります。（※本書には登場しないが、〈天地の対話〉には話の流れに応じて、これまで60人ほどの著名人が登場している）

もちろん無名な方でもそのような方々はたくさんいらっしゃいますが、皆さんの共通認識としてある程度イメージがある方のほうが、同じ体験を聞くにしても共感しやすいでしょうし、まったく知らない方であれば、その方がどういう人だったかという説明からしなければなりません。ですから、このような点からも有名人の方が見本として適しているということです』

さらに有名人というのは各時代を代表し、それぞれの課題をクリアしてすでに天界におられる方も多く、生前の学びがアカシック・フィールドに書き込まれているということも多いようです。とは言え、名前は単なる記号にすぎないので、あまりそれにこだわることなく、語られる内容によってご判断いただければと思います。

なお、〈魂の対話〉に参加された方と、次のような質疑応答をしたことがありましたので、参考のためご覧ください。

質問　「そもそも、〈天地の対話〉で語っているシュタイナーやダ・ヴィンチなどは、地上では個性をもつ自我であっても、死後は各段階を経て、徐々に地上の個性を脱いでいくはずですよね。特に天界に達すれば、〈ワンネス〉に近い存在になって、もはやシュタイナーとかダ・ヴィンチなどという個性は無くなっているのではないかと思いますが、いかがでしょうか？」

審神者からの回答　「確かに対話の時の彼らは、一応最初は地上時代の個性をまとって出てきますが、普段は〈ワンネス〉としてアカシック・フィールドにおられるようです。ソクラテスなどは誰かに呼び出されるたびに、かつての自分に戻って出ていかなければならないので面倒くさいと嘆いていました（笑）。

あの世の誰かと話したいと思うときは、霊媒がまずアカシック・フィールドに同化し、審神者が質問して焦点付けしたところに、霊媒が意識を集中して、その人の言葉を引き出します。

例えば、昨日は「言葉」についてのこれまでの〈天地の対話〉をまとめていたのですが、それを読んでいてふと浮かんだのが、ヘレン・ケラーでした。そこで、霊媒にいくつかの質問を書き送って、〈あの世〉のヘレン・ケラーにアクセスして天地の対話をしてもらうようお願いしました。

で、いつも面白いなと思うのは、誰か指名して最初のうちはその人の個性が明確に出ていても、次第に霊媒とその人が同化していくんですね。だから、霊媒自身もその人が言っている言葉なのか自分が考えたことなのかわからなくなって、最初のうちはよく混乱していました。でも、内容からすると、到底霊媒自身が考え出せるような内容ではないのです。その辺について、霊媒自身から何か追加説明があったら、よろしくお願いします」

霊媒からの回答　「今回のヘレン・ケラーさんの場合、彼女のドキュメンタリー映像とプロフィール、いくつかの紹介記事を読んでいると〝こんな感じなのかな〟というおぼろげなヘレン・ケラーを、アカシック・フィールドで認識します。霊体としての明確な輪郭があるわけではなく、意識体という感じなのですが、お話しする時というのは、何となくその面影や声質や雰囲気などが感じられます。

最初はお話しするという自己と他者という関係があるのですが、そこから彼女の脳と私の脳がつながって合体していくと、だんだんと私と彼女の境目はあいまいになって、一体化していきます。その頃になると、彼女の体験で感情が動いたことに関しては、私も一緒に泣いたりするほどになっています。

審神者から質問が来ると、その質問に関する記憶に焦点がしぼられ、わりあいスルスルと回答が出てきます。いざそれを言葉として書く時は、肉体脳が動いている通常意識ではなく、いったん眠って自ら退行催眠状態になると、肉体脳が介入せずにやりやすいです。その時はほぼ霊体脳を使っているのだと思いますが、こうなると時間感覚や日常的な思考は消失しています。

実際にアカシック・フィールドと同化するのは私ですが、そのアカシック・フィールドに向けて質問をするのが審神者という役割分担があるからこそ、成立していると思います。私だけであれば、何も起きません。基本的には何かに焦点づけせず、ただボーッとして同化しているだけだからです。

また、『明晰な質問だからこそ、明晰な回答になる』というのも感じています。他の方がする曖昧な質問の場合は、焦点づけがうまくいかないからです。アカシック・フィールドから情報を引き出すには、インターネットの検索と同じで、正しい質問を入力すれば回答が来るというシステムになっているということです。ダーツに例えると、良い質問はバシッと（的としての）その人の核心に矢があたる感じがします」

なお、第1部では具体的な科学者の名前が出てきますが、第2部に入ると名前がほとんど出てこなくなります。そのことについて、次のような追加メッセージがありましたので付記しておきます。

――メッセージ内容によって、個別の名前が出てこなくなる理由を教えてください。

『巷にあふれる霊言の多くは、アストラル界と交信したものですので、その場合はむしろ明確な個人名と、その生前の詳細な体験、そして物的証拠などが語られることと思います。それはアストラル界の方が、地上に近い物理的法則の中にあるためです。

一方、精神界との交信になれば、類魂とも合体し、前世を含めた人生回顧もなされるようになっていきますので、次第に個性は消失していきます。さらに（5次元の）天界との交信になると、その個性は一応はあるものの、個人的体験はそれほど語られなくなり、叡智に基づく簡潔でシンプルな回答に変わっていきます。

今回の本のように、意識から見た〈この世〉を解明するという場合、天界の各個性によって、まずはそれぞれの専門分野の見地から語ってもらいました。しかしそれを統合した結論に向かうほど、分野の枠は取り払われ、〈集合的叡智〉としての情報に変わっていきます。

そうなると、誰か特定の個人からの発信とはいえなくなるのですが、それは7次元・9次元を含めた全体像を共有している〈天界の総意〉であるためです。7次元・9次元というのは、個性は消えて法則のみの世界ですので、その段階の叡智を語るとなればなおさら、その傾向が強くなっていくといえます。

ですから、3次元の一般的感覚では、誰が語ったかを明記することが発言の信頼性を保証するものになるでしょうが、本書では誰によって語られたかではなく、純粋にその書かれている内容によってご判断いただければと思います。つまり、アインシュタインであろうと、ホーキングであろうと本当は誰でもよく、そのために「名前は記号にすぎない」と述べられていた次第です』（2021年4月27日）

ということで、〈あの世〉の科学者名を記号に置き換えることも考えましたが、やはり誰が語ったかを明記した方が、内容的にもわかりやすいだろうとのことで、最終的にはそのまま明記することにしました。

特に、伊藤正男先生や南部陽一郎先生など、ごく最近他界された方々もいらっしゃいますので、身近におられた方々にとっては不快に思われる箇所もあるかもしれませんが、単なる記号としてお名前を拝借したことを前もってお詫びいたします。

また、本書は特に〈あの世の科学者〉との対話を中心にまとめたものですが、それを受信するに当たって、科学を絶対的に苦手としてきた霊媒の蓮さんが、多大なる抵抗感を乗り越えて受信したものであることは、特に強調しておきたいと思います。

最初、「科学的なメッセージを受信するのは、私には絶対に無理！」と言っていたのに対して、横軸対話で「アカシック・フィールドにしっかりと意識を向けるならば、内容が科学的であろうが、スピリチュアルであろうが、同じはず」と説得することによって、最終的には見事に応じてくれた結果が、これからご覧いただく内容となります。

このような方法によって、〈あの世の科学者〉と重ねてきた対話を、これからご紹介するにあたり、本来、結論は最後に示すものですが、全体像をつかんでおいていただくために、まずは「〈あの世〉と〈この世〉をつなぐ脳」をまとめた図とその解説をご覧いただきましょう。

2 〈天地の対話〉で至った最終結論

図1〈あの世〉と〈この世〉をつなぐ脳 解説

❶〈あの世〉と〈この世〉の対称性

図1は〈あの世〉と〈この世〉と〈私〉の関係を、脳を中心にまとめたものです。まず前提となるのは、〈あの世〉と〈この世〉は対称的になっているということです。右側の〈この世〉は現在明らかにされている宇宙の構造、左側の〈あの世〉は心霊学で明らかにされてきたあの世の構造を表しています。

そして、〈この世〉は10億分の2（注1）の粒子（※「超ひも理論」でいうヒモ）に意識が当たって成り立ち、〈あの世〉は10億分の2の反粒子（ヒモ）に意識が当たって成り立っています。それら左右を対比すると、3次元は地球圏：アストラル界＋精神界、5次元は太陽圏：天界、7次元は銀河圏：神界、9次元は宇宙泡：宇宙界となっています。（注2）

【図1】〈あの世〉と〈この世〉をつなぐ脳

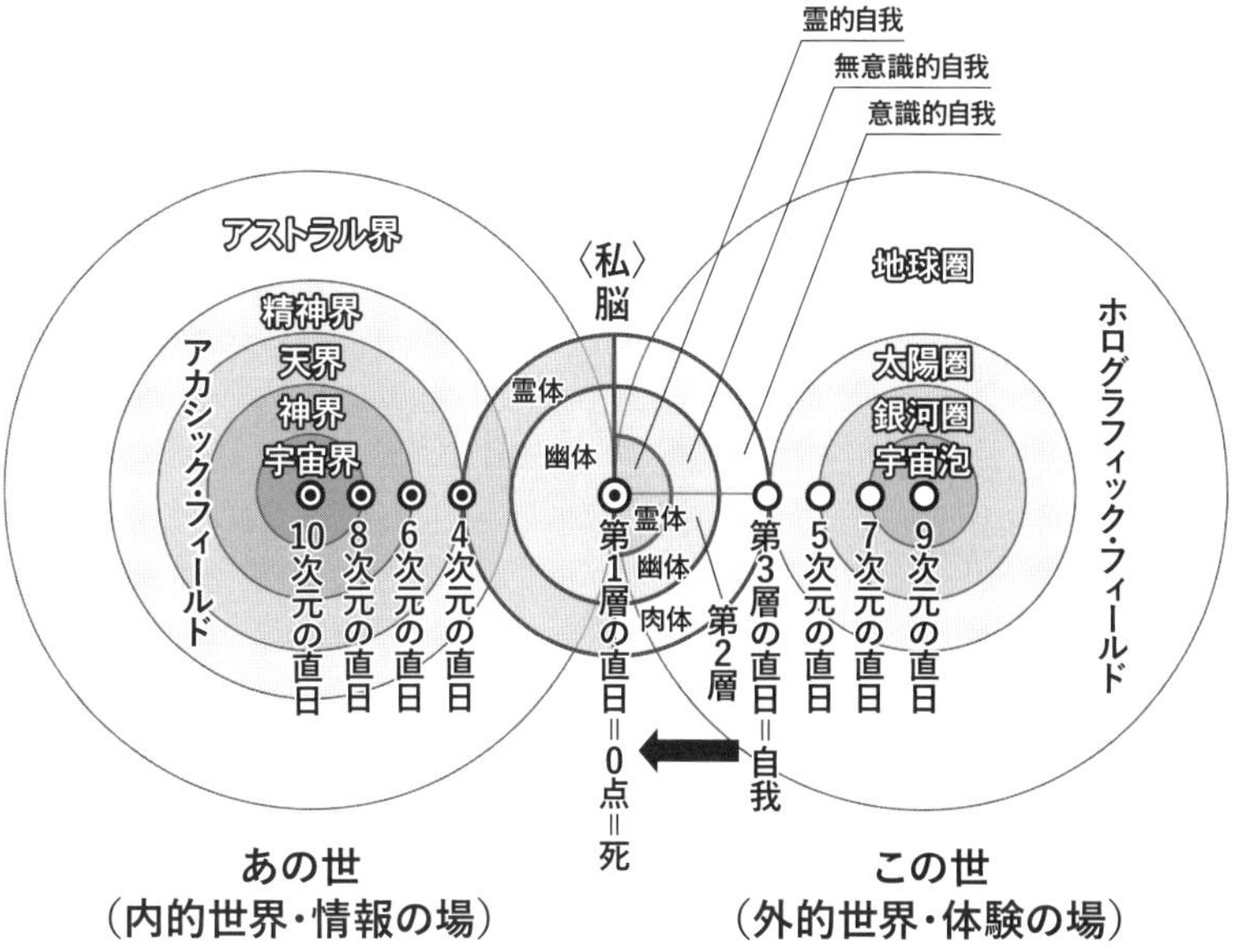

（2020年12月13日 No.12）

外的世界である〈この世〉は、体験の場（ホログラフィック・フィールド）として機能し、内的世界である〈あの世〉は、情報の場（アカシック・フィールド）として機能しています。

それは、〈大元の神〉が「自分とは何か」を知りたいという〈無知の知〉によって、まずは9次元に自らの分身を創り、9次元のホログラフィック・フィールドでさまざまな体験をした後に、その学びを9次元のアカシック・フィールドに書き込むためのものでした。

それが十分に満たされて退屈になったあとは、また新たに7次元を創ってその体験から学び、同様に5次元を、そして最終的にはこの3次元の地球圏を創って、現在に至っています。ですから、最初に創った9次元に比べて最終的に創られたこの3次元は、最も複雑で難しい設定となっているのです。

❷ すべてをつなぐ〈直日《なおび》〉

そのような〈この世〉と〈あの世〉をつなぐ機能を担っているのが、人間の脳です。そして、その脳は〈直日《なおび》〉を経由して伝わってくる意識があるからこそ、機能しているといえます。

直日とは〈大元の神〉（＝大元の直日）とつながっている意識の経路、いわば電線のターミナルやプラグのようなものですが、それは各個人の魂の中核にあり、また地球や、あらゆる星、銀河、宇宙泡の中核にもあります。この図においては、〈この世〉においても〈あの世〉においても、次元を区切るシールド上に記されていますが、その次元は〈この世〉は9次元から始まる奇数次元として、〈あの世〉は最終的に10次元に至る偶数次元として書かれ、1次元ずつずれています。

直日の特異点を中心に、ホワイトホールとブラックホールは裏表一体になっていますが、右手の丸は白く、左手の丸は黒く描かれています。それは、〈この世〉においては意識と粒子を拡散させて次の時空間を創り、〈あの世〉においては意識と反粒子を収束させて、次の次元に行くための接続ポイントとして機能していることを示しています。

また、〈この世〉の9次元のホワイトホールの裏側には10次元のブラックホールがあり、そこに張り付けられた法則に従ってホワイトホールから9次元の生成が行われました。

一方、〈あの世〉の4次元の黒いブラックホールには、3次元の法則を解明してそれを張り付けることによって、次の5次元（＝天界）のアカシック・フィールドに進むことができ、最後に10次元のブラックホールに宇宙泡（宇宙界）全体の法則を張り付けたならば、〈この世〉の9次元の粒子と〈あの世〉の9次元の反粒子とが〈対消滅〉して、次の11次元の宇宙泡が新たに〈対生成〉されることも暗示しています。

❸〈この世〉を映し出す脳

さて、その両者をつなぐ人間の脳は、肉体脳だけでなく幽体脳と霊体脳が重なってできています（注3）。そして、その脳には〈あの世〉から〈この世〉へと向かう意識と、〈この世〉から〈あの世〉へと向かう意識と、両方向からの意識が入ってきます。

まず、〈あの世〉＝内的世界から入ってくる意識は、第1層の霊体脳の中核にある直日を通って入ってきて、〈この世〉＝外的世界をホログラフィック・フィールドとして、その時々の現実を映し出しています。そして、それを認識するのが、第3層の肉体脳にある直日から入ってくる意識です。

本来は〈あの世〉でも〈この世〉でも、7次元の法則である〈色即是空・空即是色〉の「意識すればそれはあり、意識しなければそれはない」という法則の中にありますので、意識したその瞬間にだけそのホログラム（注4）はあるといえます。

しかし、第3層の肉体脳と第2層の幽体脳には「時間、空間、個がある中で、私たちは堅固な物質世界に存在している」という観念がしっかりと植え付けられているために、本来は単なるホログラムとして映し出されているものを、現実であるかのように脳は認識するように巧妙に仕組まれています。

ただし、そのような第2～3層にある観念にとらわれずに、第1層の直日にまで意識が到達した場合は、〈あの世〉との交感が可能になり、アカシック・フィールドに記されている情報（＝叡智）を活用することができるようになります。

逆に、第2層の無意識層に潜在している感情や観念に捉われている場合は、その間にあるアストラル界（＝幽界）とつながってしまい、さまざまな障碍が起こる可能性もあります。ですから、そこを超えて精神界以上のアカシック・フィールドにつながるためには、自らの第2層にある観念や感情を、その都度意識化し、浄化しておくことが肝要となります。

❹〈あの世〉と〈この世〉のキャッチボールによる解明

そのようにして、〈あの世〉のアカシック・フィールドにまで意識が到達すれば、そこに蓄積されたさまざまな叡智を引き出すことが可能になり、〈この世〉の探求も進み、学びも深まります。さらに、〈この世〉のホログラフィック・フィールドで体験し学んだことを、〈あの世〉のアカシック・フィールドに、情報（＝叡智）として書き込むことも可能になります。

そのようにして、これまでの長い歴史の中で、人類が発見してきたことや、各個人が体験し学んだことはすべて、各次元のアカシック・フィールドに書き込まれてきました。そして、後世の人々は、そこに書き込まれた情報や叡智を意識的・無意識的に活用しながら、さらに〈この世〉と〈あの世〉の究明を進めてきたのです。

〈この世〉＝外的世界の究明は、主に科学者たちが担ってきました。彼らは、意識的に〈あの世〉のアカシック・フィールドにアクセスして、その情報を引き出すことはなかったにしても、実は大きな発見や発明などは無意識的にそこにつながって、ひらめきや直観という形で情報を受け取り、それをヒントにして科学的解明を進めてきたものと思われます。

今や、マクロの世界は一般相対性理論によって、ミクロな世界は量子論によって解明され、またそれをつなぐ「超ひも理論」によって、〈この世〉は、9次元（プラス1次元の10次元）によって成り立つことが明らかにされました。人間の時間観念に従えば、宇宙が始まって138億年もの長い時間が経過してきた中で、残すところ特異点から始まったインフレーションの解明のみ、という状況になっています。

一方、〈あの世〉＝内的世界を究明する側である私たちは、〈天地の対話〉によってアカシックフィック・フィールドに書かれた叡智を学び、その一方でこのホログラフィック・フィールドでの体験による学びを深める中で、「人間とは」、「私とは」、「神とは」、「意識とは」などについての理解を深め、それによって各次元の基本法則を明らかにしながら、各シールドを突破してきました。

また、〈魂の対話〉を重ねる中で、神と切り離されて個として生きる人間の問題を、自らを通して「ありのままに見て―受け入れて―学ぶ」ことを徹底して行ってきた結果、何ゆえ今回も3次元的には因果応報による〈リセット〉しかないのか、ということを心から理解するに至りました。

そして、〈全知全能の神〉を目指して、その神に一歩でも近付こうと、魂の向上進化を心がけてきた自分たちが、実は「自分とは何か」を知りたいという〈無知の知の神〉（注5）が創った分身であり、〈無知の知の神〉そのものであったことを深く悟ったところで、最初の原点の9次元（プラス1次元の10次元）に戻ることになりました。

このように、〈この世〉＝外的世界の究明と、〈あの世〉＝内的世界の究明が、いずれも9次元（プラス1次元の10次元）の原点に至ったところで、次の11次元への〈リセット・リスタート〉が起こる、ということです。

それは、私たちホモサピエンスの脳に最終的に課されていた使命でしたが、それ以上に、〈無知の知の神〉の分身として当然備わっている「知りたい！」という好奇心を、素直に存分に発揮してきた結果であった、ともいえます。

❺〈生成と消滅〉を繰り返す〈この世〉

〈この世〉のすべては、〈生成と消滅〉によって成り立っています。生成とはホワイトホールからヒモ（注6）と意識が拡散することで、消滅とはブラックホールにヒモと意識が収束することだといえます。

ブラックホールの特異点（＝直日）にまで行くと、それまでの次元にあったすべてのものがリセットされて0となり、その0点を起点にして今度はホワイトホールから次の次元が立ち上がっていきます。個人の死を例にしても、3次元の肉体としては終わりを迎えても、次は幽体や霊体へと移行しますので、「死とは0点である」といえるのです。（注7）

神が創ったすべてのものにブラックホールがあるということは、そのような0点は至るところにあるといえ、それは結局、「この宇宙というのは本質的には0であり、何もない」ということが究極的な真理だということです。

しかし、それではつまらないので、〈無知の知の神〉はさまざまな分身を創って多様な体験をさせて、そこから「自分とは何か」を学べるよう、〈この世〉と〈あの世〉を創りました。

そして、最終的な3次元の地球上に自分に似せた人間を創り、その脳を通して今や78億（※『世界人口白書2020』による総人口）通りの体験をしているのが、あたかもこの世界で実在していると思ってきた私たち人間の現実なのです。つまり、〈この世〉のホログラフィック・フィールドというのは、神の分身としての人間が脳で見ている夢の場なのです。

ですから、この3次元の夢が終わっても、また次の夢が待っているように、この宇宙が消滅したとしても、また新たな宇宙の生成があり、何度も次元を上げながら楽しめる仕組みになっています。つまり、1回の〈生成と消滅〉で終わるのではなく、消滅と生成（＝リセットとリスタート）はセットで、今後も永遠に続いていくということです。

そうだとすれば、この宇宙のはじまりであるインフレーションという生成の前には〈0点〉があり、それ以前にあった宇宙の消滅もあったということになりますし、この宇宙の消滅の後には、〈0点〉を通ってまた新たな宇宙の生成が始まる、ということになります。

そのように、今回も〈0点〉で〈リセット・リスタート〉することで、今後も無限の〈生成と消滅〉が可能になるというのが、この宇宙の循環の仕組みなのです。ただし、それもまたすべて人間の脳が作り出している幻影であり、理論物理学で言われている「人間原理」＝「人間が認識しているから、この宇宙はあるのだ」というのが究極的な真理ということになります。

（2020年12月17日）

［補足説明］直日とブラックホールの関係

基本的に、ブラックホール＝直日で、ブラックホールは〈この世〉での表現、直日は〈あの世〉での表現です。どちらも特異点＝0を持ち、〈ヒモ＋意識〉を収束・拡散する機能を持っていますが、直日の場合は反粒子を、ブラックホールの場合は粒子を収束・拡散させています。また、両者は0点でつながっており、そこを通るのは0次元の意識です（※ひもは1次元、ブレーンは2次元）。

（注1）10億分の1や、約6×10^{-10}と書かれている場合もある。

（注2）一般的には〈泡宇宙〉と言われているが、私たちは〈宇宙泡〉と呼んできた。

（注3）人間は肉体のみではなく、幽体と霊体が重なっていることは、19世紀半ば以降の心霊現象に関する科学的研究において、物理学者のウィリアム・クルックスはじめとする科学者によって、すでに一部証明済みである。

（注4）「ホログラフィー原理」では「私たちが目にしている世界は、2次元の平面から浮かび上がったホログラムのようなものかもしれない」と言われている。

（注5）〈無知の知の神〉についての説明は、以下のようなメッセージがあった。

『一般的には〈全知全能の神〉が集約した叡智によって、この壮大な宇宙を牽引しているのではないかと、思われることと思います。そのような〈全知全能の神〉というのは、9次元に至るプロセスにおいては正しい把握でした。

しかし、最終的にたどり着く〈大元の神〉は、それだけの叡智をもってしてもまだ「自分は知らないということを、知っている」ため、それがより上位の根源的な叡智であるといえるのです。

そのため、ソクラテスの〈無知の知〉という言葉を拝借し、本書では大元の神を〈無知の知の神〉と名付けています』(2021年5月21日)

(注6)「超ひも理論」では、素粒子=ひもと考え、その長さは$10^{-35\sim-33}$(原子の1兆分の1の、さらに1兆分の1)で、太さはないとされている。

(注7)図1においては、右半円は生きているときの脳の状態、左半円は0点を超えた死後の脳の状態を表している。そのため、左の脳には肉体脳はなく、幽体脳と霊体脳のみになっている。また、0点で脳の外側と内側が逆転していることにも留意していただきたい。

第1部

〈あの世＝アカシック・フィールド〉の科学者との対話

1

ウィリアム・クルックス
――心霊現象の物理学的説明

本来、受信した順番は3以降の物理学者との対話の方が先でしたが、19世紀から20世紀にかけての心霊現象の研究を基盤とした方が、その後の話を理解しやすくなると思われるため、まずは〈あの世〉のウィリアム・クルックスさん（1832～1910）との対話から始めましょう。

心霊現象の科学的研究は、1848年のハイズビル事件（注8）をきっかけとして、一時期世界中で盛んに行われていましたが、その中心人物の一人がクルックスさんでした。彼は、当時すぐれた実験家として知られ、タリウムの発見、クルックス管（真空放電管）の発明、ラジオメーター（放射線測定器）の発明など、科学の発展に幅広く寄与していました。

そのため当時、欧米で流行していた〈スピリチュアリズム＝心霊主義〉について、「無用な残りかすにすぎない心霊主義を、魔法とまじないの地獄の中に追放しよう」と宣言し、その詐術を暴くために心霊現象の研究に乗り出したということでした。

しかし、当時もっとも定評があった霊媒師、D・D・ホーム（注9）を皮切りに、数々の心霊現象を非常に厳密な方法で研究した結果、「顕幽両界に連絡があることは、全く疑いようのない事実である」と認めました。

彼の研究のなかでも、ケーティ・キングという物質化霊44枚の写真を撮ったものが特に有名ですが、女性霊媒との関係が疑われるなど、さまざまな誹謗中傷を受ける中で嫌気がさして、そのような研究から一切手を引いていた時期もありました。

しかし、長年の功績が認められて、1898年に英国学術協会の会長になったときに、「私は何も撤回しません。すでに発表した意見を固守します。いいえ、もっといろいろなことを信じています」と就任演説の中で言って、超自然の力を確信していることを力説したということです。

当時の心霊現象に関する研究は、1882年に設立されたSociety for Psychical Research（略称SPR）心霊研究協会を中心に、フランスの生理学者でノーベル賞受賞者のシャルル・リシェ、天文学者カミーユ・フラマリオン、進化論を最初に提唱しながら「ダーウィンに消された男」として有名な博物学者アルフレッド・ラッセル・ウォレス、哲学者アンリ・ベルグソン、それに「シャーロック・ホームズ」の著者かつ医者であったコナン・ドイル（注10）など多彩なメンバーがいましたが、ここでは代表してウィリアム・クルックスさんの話をお聞きすることにしました。

▼現代科学に対する感想

――この100年の科学の進歩を、どのようにご覧になっていたでしょうか？

クルックス　『目覚ましい進歩に対して敬服する気持ちと、もどかしい気持ちの両方を感じていました。科学者というのは真実を事実に基づいて曇りなく見定めるものだと認識していますが、それを守り貫いている方と唯物論の傘下でその安直さに流れている方と、二通りいらっしゃるのではないかと思うからです。

あの当時の私たちは、物質主義に舵を振り切るのか、それとも霊的世界への扉をこじあけるのか、まさにその分かれ道の只中にいたようです。〈この世〉で信じている物質的な観念を揺るがされるというのは、何とも居心地が悪いもので、私自身もはじめはずいぶんと抵抗感がわきました。

それなら〈あの世〉の存在を実験的に確かめようと徹底的に調べてみると、その事実からして、むしろそちらの方が真実であろうと得心し始めたのです。そうすると、今度は未知の世界に対するこの上ない好奇心が、それにとってかわりました。これからどう真実が分かって行くのだろうかと胸が躍り、死後も地上での科学の発展を興味深く拝見していました。

ところがその後、科学が流れていった先は、経済原理の追及のためとも思わんばかりの、そちらと手をつないだ躍進でした。もちろん技術的には非常に高度で、洗練された頭脳によって解明されていく法則は見事な美しさでしたが、それがひとえに物質的発展のために使われていくことに一抹の寂しさを覚えたものです。

もちろん、豊かな科学の発展は望ましいことですが、そこにはもはや魂が宿っておらず、技術ばかりが先行しているように見える時もありました。唯物的観念が席巻し、それが科学的進歩によってさらに強化されていったという背景があったということです。

そのような事態にならないために、私たちは当時〈見えない世界〉を科学的に証明するという実験を重ねて、広くそれを流布しようと献身していたのです。

その時代の同志たちは、とりわけ信念が強く、逆風をものともしない鋼鉄組が派遣されていたようです。そうでなければ、社会的制裁や誹謗中傷、果ては気が狂ったとまで言われる中で、自分の信じる道を歩み続け、なおかつ公に発表し続けることはできなかったと思われます。

そして、その時代の私たちの信念というのは、宗教心や信仰というような、個人的観念に由来するものではなく、目の前の事実を極めて客観的に分析した結果としての、理性による判断でした。霊的現象に関しては、はじめ非常に懐疑的で、私の客観的な目は絶対に騙されはしない、そのインチキを見破ってやろうじゃないかと思っていたほどです。

しかし、幾度もの厳密な実験を重ねた末に、その事実からして〈あの世〉の存在は間違いなくあるだろうと、私は冷静に判断しました。これは極めて科学的な目でした。それは当時、実験しやすい物理現象が多かったためであるといえますが、私たち科学者にそれを証明させるために、そのような天界からの働き掛けによる潮流があったということです。（注11）

そして今、特に近年〈超ひも理論〉が展開されてからの科学者も、新たなステージに上がっているといえます。それを研究される方々は、頭脳だけでなく霊格も高い方々で、この時代にそれを証明するという使命をもって生まれてこられているといえるからです。

そうでなければ、物理的証明には困難な、見えもしないヒモ、ダークエネルギーなどに挑もうなどと思われなかったのではないでしょうか。真実を知りたいという純粋な好奇心が、うまく発露されている方々なのだろうと、非常に尊敬の念を込めて見させていただいています』

▼〈幽界〉と〈霊界〉の違い

――私にとって出発点の心霊学から、遠く多次元的世界の9次元・11次元に行った上で、また慣れ親しんだ皆さんとご一緒に最後の解明ができることを大変喜ばしく思います。どうかよろしくお願いいたします。

クルックス　『私たちもここに至るためだったのかということは、〈今〉だから言えることであり、こうして一周して出番が回ってきた時には、まずは驚きがありました。灯台下暗しとはこのことで、自分たちが3～9次元の叡智が凝縮して組み込まれた、最も難しい現象界の中にいたのだということを、まざまざと実感せずにはいられませんでした』

――あの時代は、D・D・ホームさんの実験やケーティ・キングの物質化現象など、さまざまな心霊現象が確かにあることを厳密に証明することが中心で、そのような現象が何故、起きていたかを解明するまでには至っていなかったと思いますが、ここでは可能な範囲で、それがどのように起こっていたかをお聞きしていきたいと思います。

クルックス　『確かにあの当時、私たちが証明しようとしていたのは、肉体の死後にも霊魂は存続する、という一点でした。それを死後の世界の霊たちの協力の下で実証するにあたり、それを指揮・統括していたのは霊界（天界）の霊でしたが、実際にその力を行使していたのは主に幽界（アストラル界）でした。その際、霊界の霊が幽界にまでわざわざ降りてくることもありましたし、幽界の中で善良で協力的な霊に役目を果たしてほしい、とお願いすることもあったようです』

——まずは、その〈幽界〉と〈霊界〉の物理的違いについて、ご説明いただけますでしょうか?

クルックス 『幽界(=アストラル界)とは地上の自我が無意識的に作った振動波形ですので、霊界(=精神界・天界)と共鳴しない独自の波形をもっています』

——それは感覚的にはよく分かりますが、具体的にはどのような違いなのでしょうか?

クルックス 『幽界とは、第2層にある感情や観念を浄化するところなので、その振動というのは法則に準拠した整然とした秩序がある訳ではありません。その時々で気まぐれな乱気流から、無気力的な波までが入り乱れているということです。

それに対して、霊界の物質的性質というのは、神が創ったすべての創造物は法則によって作られていますので、〈秩序のある計算式〉によって成り立っています。その計算式というのはシンプルであり、最終的には0にすることも可能です。例えていうならば、あや取りのヒモで複雑な幾何学模様をつくったとしても、その両端を引っ張るとスルンと元の輪に戻る、というようなイメージです。

しかし、幽界というのは、個々の自我が何の法則にも当てはめずに、勝手気ままに増殖させたものですので、全体の統一性や関連性がなく、あや取りでいえば、ぐちゃぐちゃにからまってしまい、元に戻せなくなっている状態です。計算式でいえば、0にも戻れずに、その場しのぎでの限定条件を増やして、無駄に長くなっている式のようなものです。
霊界も幽界もヒモとしては同じなのですが、そのヒモを成り立たせるための〈式〉に法則性があるかないかが違う、ということです』

▼心霊主義が混迷していった理由

——あの当時、物理的現象を起こすためには、より地上に近い幽界の協力が必要だったとは思いますが、その当時はまだ霊界と幽界の区別が不明瞭だったために、結局、霊媒の我欲がアストラル界の低層とつながり、次第に混迷に陥ってしまった。だから、1948年の百周年記念を境にいったんピリオッドが打たれて、新たに精神科医を中心とした臨死体験や前世療法などに切り替わっていったのではないかと思っていたのですが、それはいかがでしょうか？

クルックス『私を含め、その当時の人々は、幽界と霊界の区別はまったく不明瞭でした。そのような私たちの知識不足から、目を見張る物理現象を起こせる人の方が、より高度であるという間違った観念が蔓延しつつありました。

そうした注目や栄誉を勝ち取るために、霊媒能力のある方々は、まるで競争でもするかのように、幽界（アストラル界）の低層と手を組み、奇をてらった現象や、脈絡のない大騒ぎを演出し、そこに足りない霊力をごまかすためのトリックまでもが介在するようになりました。

その上、マジシャンがこぞって心霊現象をまねてショーを開いたため、何が本当なのかが見えなくなってしまいました。こうなると、科学的実験の信頼性は低下し、玉石混交の不純物となって、実証不能になりました。

これは確かに霊媒の第2層の我欲が、アストラル界の低層を呼び込んだという状態でした。そこで霊界の方針によって、科学での実証方法を物理的証明から、精神科医を中心とした臨死体験や前世療法などに切り替える方法が取られました。それらは、物理的証明ほどの目に見えるインパクトには欠けましたが、より洗練された細やかな霊的世界の構図がその研究によって顕わになっていきました。

また、それに前後する形で心霊治療や高度な霊言も降りていましたので、死後世界の全体的な見取り図が、あらゆる形で地上に降ろされていたといえます。その時期に集中して、国さえも違うさまざまな場所で同時多発的にそれらの現象が起こっていたこと、またその科学的研究や霊言で語られる内容に一貫性があること自体が、霊界主導の下で起こっていたことを物語っています。この全体的な流れのはじめの突破口として、まずは霊的世界の物理的証明は必至だったといえます』

――『私を含め、その当時の人々は、幽界と霊界の区別はまったく不明瞭でした』ということでしたが、これを明確に示したのは、やはりコナン・ドイルさんがあの世から送られてきた『死後階層図』（注12）だったのでしょうか？

クルックス　『そうです。それまでは通信する霊の状況が違うことや霊たちからの説明などから、上に行くほど光に満ちた世界になるという、何となく漠然とした印象で階層があることは認知されていました。

しかし、それが〈死後階層図〉として示された時に、明確な形で皆の共通認識になりました。全体構造の図式化というのは、〈この世の人々〉にとってはもちろんのこと、自分のいる境涯のことしか分からない〈あの世の人々〉にとっても、大きな意味のあるものなのです』

▼エクトプラズムについて

――では、この辺であの当時行われていた心霊現象についての説明を、具体的にお願いします。

クルックス 『テーブル浮遊や誰も触れていない楽器の音が鳴りだすものは、単純に幽界の霊がそれを持ち上げたり、鳴らしたりしていました。当時の私を含め、肉体をもつ人々の目には、その幽界の霊は見えないので、テーブルだけがなぜか浮いているように見えるという単純な仕組みでした。体に触れたり、小さなラップ音を鳴らしたりというのも同様です。

しかし、そのような単純な仕掛けだけでなく、次第に創意工夫もされていくようになりました。あまりに単純なものは、それを見たとしてもどうしても疑念が残るようで、信じてもらえなかったためです。

そこで（顔や手など）霊の一部または全身の物質化、霊の声を音として出すための音声拡声器などを、幽界の物質（エクトプラズム）を原料として作ることになりました。霊界の技師が、そのエクトプラズムに他の物質的元素を混ぜ込んで、化学反応をさせてやわらかいグミのような物質を作り、それを人工皮膚のように加工し、幽体の上にそれを張り付けました。すると、見えなかった幽体に皮膚が出来たことで見えるようになり、また触れることもできるようにな

りました』（写真1＝66ページ）

――霊媒の幽体（エクトプラズム）を利用する場合は、一人の霊媒から抽出できる量に限界はあったのでしょうか？　実験によっては、参加者からもエクトプラズムを抽出することがあったように思いますが、それはいかがでしょうか？

クルックス　『1人の霊媒から抽出できるエクトプラズムの量には限界があります。それは肉体に例えると血液のようなもので、多少減ってもまた作られるものなのですが、急激に体外に排出されるとショック状態に陥るからです。そのため、ケーティ・キング霊を物質化するような、エクトプラズムを大量に必要とする実験の場合は、参加者それぞれから少しずつ抽出していました。

エクトプラズムというのは、思念や感情によって左右されやすい物質であり、その持ち主の心象に反映して濁りが強いものから、扱いやすいニュートラルなものまでありますので、高度な実験をするときには参加者の質というのも大いに影響しました。そのためか、あえて厳選していたわけではなかったのですが、うまくいくときというのは参加者の質も大きな要素となっていました。

【写真1】

クルックス博士と物質化したケーティ・キング霊が一緒に写った写真

画像出典：浅野和三郎 著／黒木昭征 現代語訳『読みやすい現代語訳　心霊講座』（ハート出版）

これは次の質問にもつながりますが、参加者が創り出すその場の力というのは大切な要件でした。誰が審神者をしているかも大きく、どれだけ邪念を差しはさまずに研ぎ澄ました意識で霊界とつながっているか、霊界が立ち表そうとしていることを純粋に受け止められるような場を保つかが、心霊実験のクオリティを維持するためには必要不可欠な条件だったということです』

――そのような物質化現象を起こすためには、クルックスさんやハリー・エドワーズさん、アーサー・フィンドレーさんなど、強力な審神役の方が関わっていたからこそ可能だったと思いますが、その他にもそのような方々がいらっしゃったのでしょうか？

クルックス『私の知るところでは、物質化現象に関する強力な審神者というのは、その他にはいませんでした。審神者あるところに良質な霊的現象が立ち現れますが、その審神者こそ、どこにでもたくさんいるものではないからです』（※その当時、日本においては浅野和三郎さんがその役割を果たしていた）

――心霊現象が起こるときには、冷気を伴う（温度が実際に下がる）ことが多い、というのはなぜでしょうか？

クルックス『当時の霊的現象は、幽界の力を使って表されていたので、その場自体にも幽界の冷気が流れ込んでいたためです。幽界の波動は荒いために、地上よりも温度は低くなっています。幽界の住人は、地上のように温度にそれほど敏感ではありませんが、低層ほど凍えるような寒さを伴っています』

――エクトプラズムそのものは湿り気があって冷たいのに、そのエクトプラズムによって構成された物質化像はそれなりに暖かいというのは、どのような理由からでしょうか？

クルックス『幽界のエクトプラズムそのものは冷たいのですが、それに天界の思念（意識）を作用して物質化する場合、その意識を〈力を伝えるヒモ（＝エネルギー）〉に転化させて、幽界の物質に作用させることになります。それが光（熱）エネルギーとなって幽界の物質に加えられることによって、物質化されたものは暖かくなるという原理です』

――また、エクトプラズムは白色光を当てると消失するけれど、赤色光を当てても消えることはなく、その像が映し出されるというのは、どのような物理的理由からでしょうか？

クルックス　『白色光はすべての色の要素を含んだ光ですが、赤色光はその中でも波長が最も荒いものです。幽界のエクトプラズムは、赤色光の波長であればちょうど幽界の波長と合って、3次元的な可視領域での反射が可能なためです』

――このエクトプラズムを、ヒモという面から説明するとしたら、肉体を形成する物質とはどのような違いがあるのでしょうか？

クルックス　『幽界の物質も〈ヒモと意識〉でできていますが、その意識は0次元からの意識そのものではなく、脳の第3層における観念の情報が混入した意識だという点が、一つ目の特徴です。

そしてヒモにおいては、一度ヒモとして現象化された脳によって、さらに想念的に形成されているために、〈あの世〉の意識の光があたらない〈この世〉の影にあたるものといえます。そのため、〈この世〉のヒモのつき方と原則は同じなのですが、光のあたる方向が逆になるのです。

それはつまり、天と一致した創造の場合、第1層の直日から入ってきた意識がホログラムを映し出しますが、第2層の幽界というのは、第3層からの意識があたった状況ですので、その意識のあたる方向が逆になるのです。そのため、同じヴィジョンの中にそれを表すとすれば、幽界はプレートの裏側にヒモがついているかのように表現されるということです。

また幽界の温度が低いのもこれと関係し、本来のゼロからの意識の場合は、それがヒモに転化される場合も波長が細やかなために熱を発生させることができるのですが、幽界の観念づけられた荒い波動の意識が転化されたヒモというのは、熱エネルギーは乏しくなるために、それほど高い温度にはならないといえます』

▼入神霊媒と自我意識のある霊媒

――かつての霊媒は、ほとんどが入神霊媒ということでしたが、今、蓮さんも友紀子さんも自我意識のある状態で霊媒を務めています。それは、どのような違いによるものでしょうか？

クルックス『入信霊媒の時は、幽体あるいは霊体から憑依し、霊がその肉体を使うことによって、霊媒は自我喪失状態に（いわゆる気絶した状態に）なりました。そうすることで、霊の思うままに話すことが可能だったのですが、そのつながり先はアストラル界がほとんどで、高い所だったとしても5次元の霊界までが限度でした。それは霊体がある5次元までの、体を経由した共鳴方法だったからです。

しかし今は、霊媒の自我によってアクセスし、直接意識でテレパシーのようにやりとりをしています。それによって5次元以上の次元ともつながることができるようになり、今や7次元や9次元のアカシック・フィールドにもアクセスできるまでになりました。それは〈直日〉という意識のルートが、この時期になって開通した（＝意識化された）ために可能になったことでした』

▼物体の振動の変換

――アポーツと言われていた物品移動や、D・D・ホームさんの空中浮揚などは、どのように行われていたのでしょうか？

クルックス　『それらは、より高度な方法として、物体の振動を3次元的な物質から5次元的なダークマターへと変換するという方法が取られました。

これは、人間や物体の空中浮遊や物品移動などに応用され、単純な何かを持ち上げて運んだりしている様子とはまったく違う、重力を超えた奇天烈な動きが、多くの人の目を見張らせました。例えば、ホーム氏の空中浮遊の場合は、彼自身の肉体と霊体の構成比を極力霊体に近づけた上で、その霊体に天界の霊が思念を注ぎ込んで浮遊させる、という仕組みでした』（注2）

――『物体の振動を、3次元的な物質から5次元的なダークマターへと変換することで、重力や空間の制約を外す』というのは、具体的にどういうことなのでしょうか？

クルックス　『人間の体は、肉体・幽体・霊体の三層で成り立っています。幽体は地球だけのシステムですので、夜空の星というのは3次元的物質と霊体にあたるダークマターから成り立っています。人体がこのように重力や空間の制約を外すように三層構造になっているのは、直日が中心にあり、そこから意識が入ってきているためです。このような層構造をなしている〈人〉が、振動数を切り替えて空中浮揚をする場合、肉体から霊体に意識を向けて、そこに霊界からの思念を注ぎ込むという方法でした。

しかし、3次元の人工物（例えばテーブル）には、霊体はありません。層構造になっていないのは、直日があって意識が入ってきている生命ではなく、ただの物質だからです。その場合、霊媒自身か、幽界の霊がそのテーブルに振れることで、その物質を自身の肉体の延長と同じような感覚で捉え、自らの霊体をそのテーブルを含んで拡大させます。

そこに霊界からの思念をその拡大させた部分に注ぎ込めば、重いテーブルであっても重力から解放されて浮遊します。この場合、テーブルの振動数は変わらないので、霊媒の空中浮揚と同じように、テーブル自体は見えています。

もう一つの振動数を変えるやり方は、霊界の霊が思念を直接向けて、その物質の振動を変える場合です。これは振動数自体が変わるので、アポーツ（物品取寄せ）の要領でいったん見えなくなります。この方法を取る場合は、5次元的な思念だけでは振動数を変えることはできませんので、7次元の音の力を使います。7次元の音というのは、〈あの世〉の意識の伝達手段ですが、ヒモの振動性質を、〈この世〉の（物質の）プレートについたヒモの振動性質から、〈あの世〉の（反物質の）ヒモの振動性質へと変える特徴があるからです。

ですから、霊界の霊は、振動を変えたい物質を想念によって包み込み、そこに7次元の音を流し込むと、その物質を形成するヒモが〈この世〉の物質的な振動から、〈あの世〉の反物質的な振動に変わるのです。

そうすると、重力も空間も関係なくなり、その状態で一旦消えたまま移動させて、音の伝達をストップさせれば、元の振動に戻り再び物質化して見える。それがアポーツの振動を変える

【写真2】

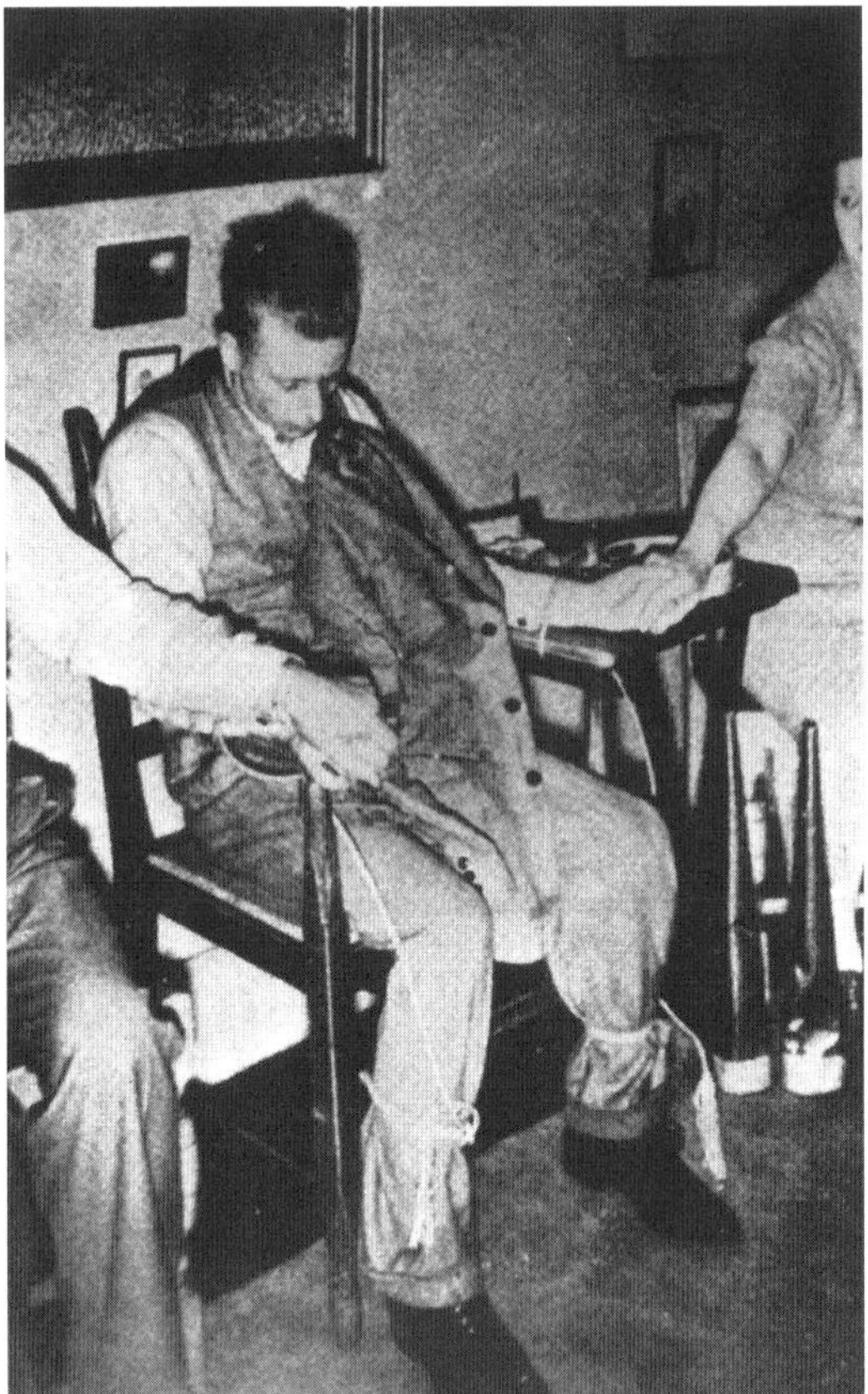

霊に上着が脱がされているところ（上着が胴体の前にきている。
両手を縛られているところに注目）

画像出典：ハリー・エドワーズ 著／近藤千雄 訳『ジャック・ウェバーの霊現象』（国書刊行会）

仕組みです。縛られている霊媒の上着が脱げるというのも、同様のやり方でした。（写真2＝74ページ）

この場合の振動を変えるというのは、5次元の現象界への振動に変えるのではなく、5次元の霊界の反物質の振動へと転換されている、ということがポイントです。霊界が主導していた物理現象ですので、その方が使い慣れた法則だったためということもありますが、4次元のシールドを超えて5次元のこの世の現象界の振動に転換するというのは案外難しいために、このような工夫がなされていたのです。

ですから、振動を変えるというのは、物体浮遊のように物質を包む霊体の方に意識を切り替えて、そちらの振動に霊界から思念を送り込む方法と、アポーツのように7次元の音によって、物質の振動そのものを霊界の反物質のヒモの振動に一旦切り変えてしまうという方法の2つが行われていた、ということです。また方法としては、後者の方が格段に難しいといえます』

──先の回答で、『例えば、ホーム氏の空中浮遊の場合、彼自身の肉体と霊体の構成比を、極力霊体に近づけ、その霊体に天界の霊が思念を注ぎ込んで浮遊させるという仕組みでした』ということでしたが、この場合、ホームさんの体重を測るということは実験的に可能だったのでしょうか？

例えば、私が今、極力肉体を霊体化することで〈肺の機能低下〉をしのいでいる感じはするのですが、どのくらい霊体化しているのか、それを確かめる方法はありますでしょうか？（※「おわりに」を参照）

クルックス『身体の構成比というのは、物質的な中でその構成の比率があるということではなく、肉体か霊体か、そのどちらを意識するかということで変わってくるということです。肉体が霊体化するというのは、正確にいえば肉体自体（の重力）は、それはそれとして変わらずあるものの、それと重なる形で本来はある霊体を意識して、そちらの機能を活用しているということです。

ですから、直子さんがどれだけ霊体を意識化しているのかを客観的に確かめる方法は、肉体に対する医学的な検査の所見に対し、その影響を受けていない霊体での実生活と比較することくらいではないでしょうか』

▼3次元と5次元の違い

――3次元と5次元の違いについて、よく心霊学の中では「より精妙な振動」という言葉が使われていましたが、その辺のことも具体的に説明していただけますでしょうか？

クルックス 『3次元と5次元ではヒモの振動数は違います。しかしそれがうまく組み合わさるようにもなっているのですが、それはちょうど1オクターブの違いがあるからだといえます。3次元の波形が荒いものから細かなものまで、ドレミファソラシドという音階に例えるならば、5次元の波形というのはそれよりも精妙な形で荒いものから細かなものまであるのですが、それがちょうど1オクターブ違いのような関連性を持ち、上下に並べるにしても、重ねるにしても、その波形としては違和感がない状況になります。

そのため、3次元と5次元で共同して狭義の現象界を作るのに適していて、2つのオクターブ違いの音階（波形・振動）という素材での譜面は書きやすくなり、なおかつパートも分けやすい上に、合奏させたとしても共通のものをもっているのでうまく合うということになります』

――この説明の「1オクターブ上げる」というのは、実際にはこの3次元の電磁波で最も波長が短い放射線を超える波長にする、ということでしょうか？

クルックス 『3次元的なモノサシでいえば、そうなります』

――その場合、3次元的には波長が最も短いものだと1万度近くになってしまうようですが、5次元での熱量というのは、3次元とは異なるのではないかと思います。もしそうだとしたら、それにはどうも重力の問題も関わっているように思うのですが、その辺もご説明いただけますでしょうか？

クルックス『5次元での熱量は、3次元とは異なり、それは5次元の重力の方がより軽いためです』

――それをもう少し詳しく説明していただけますか？

クルックス『プレートにヒモを付ける力が重力、プレートからヒモを引きはがす力が光(熱量)ですので、次元ごとにその重力に相応する熱量が設定されています。重力で比較すると、この宇宙泡の中では3次元が最も強いので、その振動によって出る熱量は、最も高温になるのが3次元だといえます。

一方、5次元は3次元のプレートにヒモがつく力よりも弱くなっているのですが、狭義の現象界のあらゆるモノサシは、このプレートにつく力(＝重力)によって、基本数値設定が異なります。ですから、3次元からすれば5次元はより細やかな振動になるといえますが、その熱量との関係性はそのまま引き継がれるわけではありません。つまり5次元の重力を基本とする数値設定は、5次元のモノサシとして別にあるということです』

――5次元の重力は、3次元の何分の1くらいになるのでしょうか？

クルックス　『月の重力と同じ、6分の1程度です』

▼物理的証明の普及が促進されない理由

――最後の質問になりますが、見えない世界の物理的証明が、いまだにまったく広がっていないのはなぜなのでしょうか。天界がそれを広めようと思えば、何らかの形での後押しがあってもいいように思うのですが……。

クルックス　『まず一つは、無駄な努力はすまい、と思うようになったからです。正しさや真理を伝えるための正義感を、私たちもある段階までは強く持っていました。それは3次元の地球では大事なことですが、7次元・9次元と多次元的世界も視野に入ってきた現時点では、あらゆる在り方、あらゆる体験を許容する面が出てきて、どう展開するかは〈神のリーラ〉として共に楽しむ姿勢に変わってきた、という前提がまずはあります。（※リーラとはサンスクリット語で遊び・戯れのこと）

そして受け手の問題としては、今は地上の観念（見えない世界の否定など）がここまで強固になり、それに見合わないものは徹底的に排除される現状となりました。また、一昔前であれば、集合意識や集合的無意識というのは、ある程度まとまったものがあったのですが、今はそれぞれがネットで発信し、自分の観念に合うものだけを取り込み、ひたすらそれを強化していく時代においては、内的真実（＝自分の思い込みの世界）こそが絶対になりました。

かつてのように、集合的観念を形成する段階においては、天界というのはそれなりに影響力がありましたが、現代のように各人の内的世界がバラバラになり、しかもアストラル界と通じるものが多くなると、天界からの影響力はほんのわずかになってしまいました。

また自我が未成熟な方が増えたことによって、内的世界と外的世界のバランスは崩れ、脳の機能（特に前頭前野の機能）も発育不全の方々が増えました。さらに、本来、アストラル界は未消化であった感情を、死後に浄化していくために作られていましたが、魂の存続を否定する人が増えたために、もはやその浄化層としての機能さえ失われたといえます。その結果、人の脳がでたらめにこの世やアストラル界を作っていく流れの方が、圧倒的に優勢になってしまったのです。

せめて「死後世界は科学的に証明された事実である」ということだけは私たちも広めたかったのですが、それらの情報は科学者自身にも、そしてアストラル界にも意図的に握りつぶされました。損得だけの拝金主義にとって、死後もあるということは、最も都合が悪い情報だからです。

この世限りだから人はやりたい放題ができる上に、死後の世界を認めるスピリチュアリストでさえも、結局は因果応報ではなく、引き寄せの術を駆使する時代ですので、聞きたくない、考えたくもないと、死後のことは曖昧にしておきたいということなのでしょう。今やそのように生きる人が大半ですから、死後の世界の科学的証明は、受け手にとっては敬遠すべき情報になってしまったといえます。

それに挑むことは、もはや無駄なエネルギーになるだろうという天界の判断もありました。そのような流れの中でのより深い意味としては、死後は〈3次元の直日〉を通って新たな世界に皆さんを誘導するという方に、私たちはエネルギーを注いでいます。

つまり、従来のように死後に人生回顧をしてアストラル界を抜けるというルートではなく、ともかく〈3次元の直日〉から新しい世界へのルートに行ってもらうため、かつての死後世界のステップというのは、今の状況とは合わなくなっているともいえるのです。

アセンションを希望する方々は、死後は新しい世界へ行かれるでしょうし、死後の世界を信じていない方々は、死んだら無になると思っているでしょうから、〈リセット・リスタート〉（注13）が起これば、ある意味無意識状態での待機となり、そう思っても大差がない状況となるため、そのままにしておこう、ということになったわけです』（受信日時＝2019年12月24日〜29日）

（注8）**ハイズビル事件**
当時、米国の一般紙でも大々的に報じられ、その後は科学的に心霊現象を調査するきっかけとなった事件。その概要は次の通りであった。

米国ロチェスター市ハイズビルのある家に引っ越してきたフォックス家の人々のうち、ケートとマーガレットという2人の娘がいるときに限って、原因不明のラップ音がするようになった。そこであるとき、2人の娘がその音に向かって、「私の真似をしてごらん」と言って指を鳴らしてみると、それと同じ回数の音が返ってきた。また、母親が「子ども全員の年齢を当ててごらん」というと、6人全員の年齢を正確に当てた。しかも、そこには死んだ子どもも含められていた。その噂が町中に広がって調査委員会が結成され、委員長の質問に応答がない場合は否定とみなすという方法で、詳しい調査がなされた。その結果、次のようなことが明らかになった。

その音の主は31歳の男性の行商人で、4〜5年前にその家の前の家主に殺されて金を奪われ、死体は家の穴倉に埋められている、ということだった。そこで、数日がかりの発掘調査が行われたが、残念ながらその時は確かな証拠となるものは見つからなかった。しかし、事件の発生後56年を経た1904年に、ほぼ完全な男性の白骨死体が、穴倉の崩れかけた壁と地面との間に横たわっているのが発見された。その記事は、当時のボストン・

ジャーナル誌にも掲載された。

（注9）**ダニエル・ダングラス・ホーム（1833〜1886）**
当時、いかなる厳密な研究をもってしても、最後までインチキが発見されなかった霊媒の一人。スコットランドに生まれてアメリカで育ち、その後また英国に戻った。物品引き寄せ（アポーツ）と直接談話現象以外なら、あらゆる種類の心霊現象を起こすことができ、「史上最大の霊媒」と言われた。

特に1868年11月13日に開催されたアシュレー・ハウスでの交霊会では、3階の寝室の窓から出て居間の窓に入るまで、道路から約21メートルの空中を飛行した。それを、アデア卿、リンゼイ卿、ワイン大尉などが目撃し、証言書にサインしている。ヨーロッパ各地での交霊会には、ナポレオン3世やドイツ皇帝なども参加していた。

体力の衰えによって霊媒としての活動を停止してからは、ニセ霊媒の暴露に自ら奔走した。彼が霊媒をしていたのは、目に見えない世界を証明するためであり、彼自身は一切の謝礼をもらわないという信念を貫いていた。それゆえ、霊媒を金儲けの手段とし、ましてそれにトリックを使っているという人は、彼にとっては許しがたいことだった、とのことである。

（注10）コナン・ドイルとの〈天地の対話〉については、『コナン・ドイルは語る リセットのシナリオ』（三上直子・山川蓮、サラ企画、2016）としてまとめた。

（注11）当時の心霊現象に関する調査報告書として、最も定評があるのが次の報告書であった。
「ロンドン・ダイアレクティカル・ソサイエティ（弁証法学術会）の調査委員報告書　1869」

当時、思想的にもっとも進歩的だったグループが行った心霊現象に関する科学的調査で、それ以降に類似した調査結果は一切出ていない。委員会のメンバーは、神学博士・内科医・外科医・エンジニア・2つの理科学会の代表・弁護士・思想家その他33名で構成され、他にも証人として招待されたA・R・ウォーレス（進化論の同時発見者）やカミーユ・フラマリオン（天文学者）などを入れると、総勢50名を超える人々がその調査に参加した。６つの委員会が、部門別に40回に及ぶ実験会を行った結果、次のような報告がなされている。

①重量のある物体（ときには人間）が何の支えもなしに上昇し、しばらく宙に浮いているところを目撃したと証言した者、13名。
②出席者とはまったく別の人間またはその一部が出現し、それを手で触れたり握ったりして確認した者、14名。
③出席者全員の両手が見える状態の中で、それらとはまったく別個の手によって身体のあちらこちら（ときにはこちらから要求した箇所）を触れられたと証言する者、５名。
④五感で確認した限りでは、いっさい手を触れられていない楽器が、ひとりでに曲を演奏したと証言する者、13名。
⑤霊媒が真っ赤にもえている石炭を手のひら、または頭部においても、火傷も毛髪の焦げも認められなかったと証言する者、５名。自分も同じ実験をして平気だったと証言する者、３名。
⑥叩音、筆記、その他の方法で、その時は知らなかった事実を知らされ、後で確認して本当であることが判明したと証言する者、８名。
⑦それとは反対に、細かい情報を知らされながら、それがまったく間違いであることが判明したことを証言する者、１名。
⑧人間業では不可能な速さで鉛筆と絵の具を使って何枚かの絵が描かれたことを証言する者、３名。
⑨何日か前、あるいは何週間か前になされた予言がその通りに実現した（何時何分まで正確だったものもあった）と証言する者、６名。

このほかにも入神談話・病気治療・自動書記・密室における花や果物の物品引寄現象・直接談話などについての証言もあり、その報告書は、次のような「確信の表明」をもって締めくくられていた。

「本委員会は、このように紹介した事実よりもさらに驚異的な現象が存在することを証言する多くの証人の高潔な性格と高度の知性、小委員会によって支持されている証言の多さ、多岐にわたった現象でいっさいの詐術も錯覚も存在しなかったという事実、さらには、現象の異常さと、それにもかかわらず全文明国のあらゆる階層において、その超自然的原因について大なり小なり関心を抱いている人たちがきわめて多いという事実、しかもその合理的説明がいまだに得られていないという事実、等々にかんがみて、この分野はこれまで以上の真剣かつ慎重な調査・研究に値するとの確信を表明する義務があると考える」

（注12）『コナン・ドイル 人類へのスーパーメッセージ』（アイヴァン・クック編、大内博訳、講談社、1994年）に掲載されているもの。
　コナン・ドイルはシャーロック・ホームズの作者として有名だが、晩年はスピリチュアリストとして世界中を講演して回っていた。この本は、彼の死後、あの世から送ってきたメッセージをまとめて出版されたもので、それによってはじめて死後階層図が明確にされた、とのことである。本文の解説はかなり長く難解なものであるため、改めて簡易に説明してもらったのが、次のメッセージである。

死後階層図 解説

『これは、死後誰もが通る霊的世界の見取り図です。階層式になっているのは、同じ波調をもつ霊が寄り集まっているためで、肉体を脱いだ後の世界とは、自分の波長よりも高くても低くてもなじみが悪く、常にそれぞれに適した位置に霊はいることになります。そして心の中で思っている世界が、そのまま自分のいる局面の様相ともリンクしていきます。例えば、極悪な心をもっていれば、住む世界もそのような暗い環境になるという具合にです。下層から上層に行くに従い、暗黒でじめじめした世界から光明のあるさわやかな世界へと変わっていきます。

　では、各層を具体的に説明していきましょう。大きく分けて、アストラル界（幽界）→精神界→天界となっています。ここまでが地球圏を表します。

　アストラル界の低層は、欲望が渦巻き、争いが絶えない世界で、そこからだんだんと向上の意欲が芽生え、最

死後階層図

	一体となる宇宙局面	
叡智	天界の第3局面 ねはん	天界
愛	天界の第2局面	天界
力	天界の第1局面	天界
	再生	
叡智	精神界の第3局面 瞑想して待つ待合室	精神界
愛	精神界の第2局面 直感的な理解　霊感や思いによる創造	精神界
力	精神界の第1局面 知的な理解　叡智の部屋	精神界
	第2の死	
	サマーランド	アストラル界
	第1、2、3局面 魂が休息し、自分に目覚め、さらに上昇する意欲を促される場所	アストラル界
	欲望の第4、5局面 地上のさまざまな思い、欲望がまだ感じられる。普通の人は死後、ここで目覚める	アストラル界
	第6局面 どん欲、自己中心的、自我・欲が深い、人に愛情をもてない	アストラル界
	地上の局面 より密度の濃いアストラル界 欲望、強烈な肉体的欲望、憎悪・恨み……地獄	

上層のサマーランド（ブルーアイランド）は、人によっては天国とも感じられる明るい局面であるといえます。アストラル界は、主に地上時代の欲望や感情を消化していくことが目的の領域です。地上に近いこともあり、さまざまな地上とのコンタクトがなされており、低い層では野蛮な欲望のはけ口として、高い層では役立ちたいという欲求から地上への関与もなされています。地上でのさまざまな憑依現象や低レベルの霊言などは、このアストラル界からの影響によるものが多いといえます。

アストラル界を抜けると〈第2の死〉を迎え、精神界に行きます。なぜ〈第2の死〉と言われるのかといえば、そこでもう一度〈死〉を通って目を覚ましたほどに、まったく違う霊的世界がそこから広がるためです。それはアストラル界が〈虚界〉、精神界からが〈実在界〉だと言われるほどの差で、それまでは単なる欲求や感情の残骸を夢見ていたかのように感じられるということです。

精神界では主に観念を消化していきます。活動としては、地上と天界をつなぐためのさまざまな奉仕活動を〈類魂〉としても行いながら、魂の学びを深めていきます。そして、今回の生だけではなく、過去生をも含めた総合的な〈人生回顧〉を行って、地上に再生するのか、それとも地球輪廻を終了し、解脱して天界に進むのかの決定が、精神界の最後の局面でなされます。

天界ではいよいよワンネスの世界に入っていき、地上の創造活動に貢献します。5次元の世界同様、個とワンネスの両方の要素を同時に体験しながら、美と調和の中でそれを開花させていきます。その上の宇宙圏ともつながり、多くのインスピレーションを受けながらそれを地上に下ろしています。芸術、科学、宗教などに多大な影響をもたらし、地球のイデアとして機能しているのが天界です。

階層図の下層から上層に行くことは難しいですが、上層から下層へは自由に行くことができ、常に向上のためのサポートが行われています。個々人の成長のペースは本人次第ですが、それを見守り関与する霊は必ずいるため、相互に助け合う仕組みとなっています』（2018年1月21日）

（注13）リセット・リスタート

本書の目的は、〈リセット・リスタート〉を説明することではないが、2012年10月から始まったメッセージの主要目的がこの〈リセット・リスタート〉の説明にあったため、以後の対話においてもリセットという言葉が随所に出てくる。そのため図1での説明に加えて、もう少しそれに関する説明を加えておきたい。まず、最初に説明されたのが、次のようなものであった。

『地球は、分離した神々（＝私たち）の集合夢です。その神々は、大元の神とのつながりをいったん忘れ、個人の体験をあたかも現実だと実感しながら過ごしています。その夢の仕組みは、神の叡智により実に見事に創られているためです。

個人の選択を尊重するのは、神の愛です。個人がどんなにエゴで突っ走ろうと、悪の限りを尽くそうとも、それを見守り、受け入れます。ただし、因果応報でその結果は本人に返るため、悪いスパイラルにはまると、なかなか抜けられません。しかし同時に、いつでも改心の道は開けるようになっていて、意識ひとつで光明を見出していくこともできます。本人次第でどんな人生をも歩むチャンスと可能性を秘めているということです。

しかしそれは、〝地球が壊されない範囲において〟という限定付きです。地球が機能しなくなれば、その集合夢自体も成り立たなくなるからです。

今、多くの方々が悪夢の中でうなされています。戦争、飢饉、公害、自然破壊、動物虐待、人間虐待。目を疑う殺し合いも頻発しています。奪い合い、争うエネルギーは、年々過剰なまでに高まっています。このままでは地球は、青々とした星ではなく、真っ黒こげの荒れ果てた大地と化すでしょう。もはや人間の住める星ではなくなるということです。

平和に暮らそうとしている人々は真っ先に標的となるでしょう。攻撃と反撃の中で、闘争心と憎悪はどんどんその勢力を増して、男たちの過剰さに火をつけることでしょう。

眠っている人が悪夢にうなされていたら、あなたはどうするでしょうか？　体を揺さぶって起こしてあげるのではないでしょうか？

私たちはそれとまったく同じ気持ちです。〝地球の皆さんをこの辺で起こさなければ、もう後戻りできないほどになるであろう〟という限界点が、今だからです。今、夢から覚めなければ、地球にいる多くの魂は、真っ暗闇の中をさまよい続けなければならなくなるでしょう。それはひどく孤独で、悶絶する苦しみであるといえます。

リセットとは、このような悪夢から目を覚ましていただくための、神の深い愛です。そしてその夢から覚めるシステムが、神の叡智です。このような愛と叡智によって、今まさにリセットがなされようとしています。

この最後の時に何を意識するのかは、非常に大きな分かれ道になることでしょう。死後に行くのは、今のあなたが意識している世界そのものだからです』（２０１８年1月4日）

このように伝えられていた〈リセット・リスタート〉は、3次元から7次元までの地球圏を対象としたものだったが、結局、アストラル界の深い闇に阻まれてそれが果たせなかったために、次元を上げて再度試みることになり、最終的に9次元から11次元への〈リセット・リスタート〉ということで、次のような内容に変わっていった。


『〈リセット・リスタート〉とは、〈この世〉は〈あの世〉からの意識が脳に入ってきて、外的世界に映し出されているホログラム（＝脳が見ている夢）であるということを前提とした上で、その夢をいったん終わらせ、また新たに始めることです。

人間原理でできたこの宇宙泡は、その夢を見ている人間の脳が、どの次元まで意識し解明できるかによって、その〈リセット・リスタート〉をする範囲は変わります。

ですから、はじめはこの地球圏の範囲でそれは語られ、それは〈3次元の因果応報の法則〉の結果によって起こると説明されてきましたが、次に太陽圏にまで解明が進むと、それは〈5次元の思念の現実化の法則〉によって、アセンション（次元上昇）とも抱き合わせで起こるというふうに変わりました。そして銀河圏までを解明すると、〈7次元の色即是空・空即是色の法則〉によって、ヒモから意識を抜いてリセットをし、また新たにヒモに意識を入れることでリスタートが起こるという説明になりました。

いよいよ9次元の宇宙泡まで到達すると、〈9次元の奇想天外の法則〉が語られ、それは超ひも理論や人間原理、ホログラム、マルチバースなど、最新科学で言われていることと重なることが明らかになりました。そしてエネルギー的にも、物質と反物質が〈対消滅・対生成〉することで、〈リセット・リスタート〉は起こるということが語られたのです。

このように、〈リセット・リスタート〉は結局、解明する次元をあげるごとに、より大きな包括的法則によって語られ、今やこの宇宙泡の終焉と新たな始まりにまで、その範囲は広がったということです。

このように段階を経て説明がなされてきたのは、〈この世〉の科学がミクロとマクロの世界に関する研究を進めてきた、その進捗状況とも連動していました。人類は宇宙の起源までをも科学的に捉え、ホモサピエンスの脳を駆使してかつてない発展の中にありますので、それが新たな11次元の宇宙泡を創るという進展をもたらした、ともいえるからです。

しかしその一方で、自然破壊による地球温暖化・自然災害の激化、食糧問題、貧富の格差など、さまざまな問題が世界中に蔓延し、もはや臨界点を超えた状況にまできています。各領域の最先端で未来を見通す目をもつ方々は、もはやこのまま続けていくには限界があることを、心痛を伴いながら懸念されていることでしょう。

そのように限界にきた人類の悪夢を刷新して、今一度新たな集合夢をはじめることが、〈リセット・リスタート〉の目的でもあるのです』(2021年2月7日)

2 アインシュタイン＆ホーキング――〈あの世〉と〈この世〉の成り立ち

次は、〈あの世〉の物理学者、まずはアインシュタインさんとホーキングさんとの対話です。

アルベルト・アインシュタインさん（1879〜1955）は、相対性理論で有名な理論物理学者で、20世紀最高の物理学者とも評され、1921年にはノーベル物理学賞を受賞しています。

一方、スティーブン・ウィリアム・ホーキングさん（1942〜2018）は、学生の頃に筋萎縮性側索硬化症を発症し「車いすの物理学者」としても有名な理論物理学者で、特にブラックホールの特異点の研究や、量子宇宙論という新たな分野の発展に貢献したとのことです。

ここにおいては、主に〈あの世〉と〈この世〉の成り立ちについて、基本的なところでの対話を〈あの世〉のお二人とおこなってみました。

▼〈ある・ない〉＝〈意識するか・しないか〉

アインシュタイン 『振動とは、0でない、エネルギーのすべてです。超微細なものから、極荒いものまで、さまざまな〈波の形〉を作ります。〈色《しき》〉の世界を構成する素材は、すべてこの振動からできており、見事な法則によって秩序づけられています。

人間の目からみれば、物質とは最も堅固でわかりやすいものだと思いきや、それを粒子や振動にまで分解していくと、実はとらえどころがないものでした。なぜならそれは、あるとも言えるし、ないとも言えるからです。その〈ある・なし〉の鍵が、〈意識するか・しないか〉によるものだというのは、しびれますよね。単にそれだけのことだったのです』（2018年3月16日）

▼次元について

アインシュタイン 『次元に関しては、いろいろな説明の仕方もできて、実は難しい問いではあるんです。しかし、今は皆さんに必要な把握の仕方で簡略にお伝えしようと思います。なぜなら、複雑構造をいかに単純化して把握するかが、皆さんに求められていることですから、細かな説明をあまりしない方が、余計なことを考えなくて済むからです。特に、今はどんどん単純化していく時期です。

さて、まずは地球の特殊性を思い出してください。あらゆる霊格（※霊的成長度）の人を同一の現象世界に立ち現われるようにできるというのは、けっこう稀なことで、それこそ実験場たる醍醐味だということでしたね。輪廻があるというのも珍しい工夫です。それぞれの銀河体系によって、根本である法則は同じであっても、それをいかに応用するかは、さまざまであるということです。

つまり地球圏というリンゴ（※3次元から7次元までを一単位とする地球の愛称）は、偶数次元をシールド（＝ブレーン）のように使って、次元間の移動が勝手気ままになされないように工夫されている、ということです。それは、個の多様性を（その次元の中で花開かせるように）担保するための措置でもあるのです。

そこでヒモがどうなっているのかにまでは、言及しないでおきましょう。例えば、編み物でいえば、「ここの袖の切り替えしは、どのように編めばいいのか」という具体的な説明よりも、「毛糸（ヒモ）とカギ針（意識）があれば、マフラーもセーターもコートも作れます」という理解で十分だからです』（2018年4月18日）

▼この世はホログラムとして見ている夢

ホーキング『私たち科学者は、宇宙真理にかなりいい線まで近づいているだろうと思っていましたが、実際はまだまだ果てしなく深遠なものだったということが、死後になってよくわかりました。この宇宙を設計した叡智は、間違いなく至高の存在、想像を絶する天才だと言わずにはおれません。

私が研究していたブラックホール、それこそは、この宇宙の謎を解く鍵でありました。あれこそが次元と次元をつなぐ通路であり、そしてこの銀河の中心のそれは他の宇宙のかたまり(宇宙泡・平行宇宙)にもつながる出口だったのです。

しかしながら、現象界のすべてのものは、ホログラムのように映し出されている幻影にすぎなかったのです。この銀河も、地球も、そして人間も、動植物も、物的に見えるものはすべて、です。

宇宙の本質は真っ暗でした。何もないのです! しかしそのホログラムシステムを自在に使って、見事な宇宙を一瞬で創れてしまうのです。そのシステムの中心がブラックホール(皆さんの言葉でいう直日)だったというわけです。

情報はすべてブラックホールに取り込まれ、その上位次元の叡智に伝えられます。情報を運ぶ意識ネットワークの集結点が、〈この世〉ではブラックホール、〈あの世〉では直日だった、ということです。

宇宙の設計図は幾何学図形でまずは創られ、それをホログラムシステムにより現象化させています。その中での体験やあらゆる実験結果は、すべて叡智に吸収され、さらなる深遠な宇宙がどんどん創り出されていきます。やはり宇宙はたくさんあったのです！

地球は堅固で絶対的な物質世界ということではありません。パソコン上でのプログラミングされたデータのように、クリック一つで初期化が可能なのです！

興奮してお伝えして申し訳ありません。私はこちらにやってきて間もないのですが、このようなことが分かったのが、つい今さっきだったもので感極まっていて、その最中にアクセスしていただいたからです。全体状況をつい先ほど把握したというわけです。

素晴らしい仕組みです！　この世界は実に見事で、私たちはその創られた物質世界の法則を理解しようとしていました。しかしその現象自体がただのホログラムで見ている夢だったとは!!　まことにリアルな夢でした。

しかし、それから覚めることは地上で「分かった！」と歓喜が湧き上がる時の100倍もの快感がありました。いや、私も実際のそれはこれからですが、「そういうことか！」と分かった時点で、7次元を体験したといえます。こちら天界では7次元に行かれる方もいて、皆さん

その気づきに達しています。やっと理解が追いついた、と言っている方もおられます』（2019年1月14日）

▼ブレーン（＝シールド）に付いた開いたヒモによるホログラム

アインシュタイン　『私たち科学者はこれまで、とにかく黙っているようにと言われていたので、話したい気持ちを抑えるのに必死でした（笑）。黙るように言われていた理由は、お察しの通り最低限の観念を残すためでありました。

その他の理由としては、〈リセット・リスタート〉に関わる真理というのは、非常にシンプルに本質だけを拾って理論が構築されてきたと思いますが、私たちが語るとなると、それに必要のない細かなことに言及することになり、焦点が散らばってしまうという懸念もあったからです。そして、私たちがそれぞれ専門的に研究してきたのは〈色《しき》〉の現象界のことでしたので、〈空《くう》〉に向かうリセットへの性質上、それらはあまり必要のないことでもあった、ということもあります。

しかし余興でよいということであれば、皆さんの暇つぶしに、そして私自身の楽しみとしても、お話させていただきたいと思います。

地球は（超ひも理論でいうところの）ブレーンについた開いたヒモによって、主に現象が構成されています。ブレーンというのは次元の膜のことで、そのブレーンがどの次元かによって、そのヒモがブレーンにどう結びつくかが変化するために、次元によって世界は変わるといえます。3次元のほうが、ヒモがブレーンに多くくっついているために物質度が高くなっていて、5次元ではそれよりも少なく、閉じたヒモが多くなるために、物的自由度も増えるというわけです。

量子力学と相対性理論が両立しなかったのは、地球の特殊性のためです。マクロ世界の宇宙は、一つの次元による法則が主に適用されて（私たちに）見えています。しかし地球の中のミクロ世界というのは（とくに細胞の中などは）重力は非常に小さく無視できるため、そこはもはや3次元の物理法則の適用外、すなわち5次元的な在り方であるともいえますし、あるいは「意識すればそれはある」という具合に7次元的な存在の仕方が、ミクロの世界を研究していくとわかってきたのです。

それは、この地球（そしてその中の人間）が、ある種の実験として、一つの小宇宙ともいえるほどさまざまな次元を内包しているためです。つまり、地球は単体で1～9次元までに意識を広げることができ、次元間のベールによって大事な活動領域は守られながら、直日によってひとつにもまとめられるというシステムが、見えないミクロの世界に至るまでしっかり敷かれている、ということです。宇宙の縮図と言われるゆえんは、それなのです。

地球は物理的に見れば辺境の星にすぎませんが、霊的にみれば中心であるともいえ、この銀河さえも地球のための背景であるといっても過言ではありません。そうといえるだけの叡智の結晶が、この地球、そして人間の中に秘められているからです』

――私たちの話の中では、4次元と6次元はシールドとして、3次元と5次元と7次元を一応切り離しておく役割として考えていましたが、2次元と4次元と6次元は、このブレーンに当たるものだったのでしょうか？

アインシュタイン　『2次元のブレーンにヒモがついてホログラム化しているのが3次元、4次元のブレーン＋ヒモのホログラムが5次元、6次元のブレーンはあるものの、そこに開いたヒモはくっついていないため、7次元自体は閉じたヒモが自在に浮いているという、どうとでも変幻自在な領域。ヒモとヒモ、ヒモとブレーンの関わりがまったく固定されておらず、ホログラムも構成されないので〈空《くう》〉が可能ということです』（2019年1月17日）

――前回の回答で、『量子力学と相対性理論が両立しなかったのは、地球の特殊性のためです。

マクロ世界の宇宙は、一つの次元による法則が主に適用されて（私たちに）見えています』という、一つの次元というのは、3次元のことでしょうか？　でも、月も太陽も天の川銀河も、一応3次元の現象として私たちは見てきましたが、宇宙飛行士の話を読むと、大気圏を抜けた時点で、そこは5次元の世界になるのではないか、だから、3次元の世界として見てはいても、月や太陽は実は5次元の世界であり、銀河圏は7次元の世界になっているのではないか、と思ったのですが、いかがでしょうか？

アインシュタイン　『実質はそうです。しかし可視化して見えているのは、3次元の（2次元ブレーンからの）ホログラムです。ホログラム映像をその次元に投射して、その世界の上にフィルターを重ねるようにして可視化させています。よって、一つの次元というのは、可視化されている3次元ということです』

――やはり、地球のような天体は、宇宙がどんなに広いと言っても、唯一無二の存在になるのでしょうか？

アインシュタイン　『この宇宙泡の中では、唯一無二です』（2019年1月15日）

▼情報とは何か

【討議のまとめ】

「そもそも情報とは何なのだろうか。ホーキングさんはブラックホールに情報が入ったら（表面から外側への）放射で情報はなくなるといった。しかし他の科学者たちは、情報は無くならないと主張し、最終的にホーキングさんもそれを認めている。情報がなくならないとすれば、そもそもその情報というのは、いったい何なのだろうか？」

アインシュタイン『ここでは、一般的な情報ということではなく、〈（10次元の）ブラックホールに回収される情報とは何か〉を、まずは分かりやすくヒモの観点から説明してみます。

宇宙の星の観測データは各所で膨大に記録されており、それも一般的な意味では情報といわれますが、10次元のブラックホールに入っていく〈情報〉というのは、それを体系的に整理したり、他と関連づけられたものに限ります。

これは数式で例えると分かりやすいかもしれません。計算の痕跡がめちゃくちゃに書かれてあっても（ランダムな体験が散らばっていても）、それは何かに応用できる数式にはなりえません。最終的に〈解〉ができた段階で、その数字たちは途中のプロセスにも意味があるものとして、紐づけられます。もちろん、ここまでは解けたという情報も、それを集めて共有する場所においては役立つ情報であり、それは各次元のブラックホールなどが担っています。しかしこの宇宙泡の最終的なブラックホールにおいては、しっかりと数式化されたもののみが、〈情報〉として届くようになっているのです。

これを心の観点から説明すれば、体験を学びに昇華できたものだけが、ここでいう〈情報〉といえます。それぞれのありのままの体験は各人の第1層に記録され、それを死後に因果応報に照らして振り返り、なぜそうだったのかという関連づけまでがなされます。単なる体験のやりっぱなしではなく、ブラックホールに入っていく情報にするには、それを意識化し、体系化される必要があるためです。そのために地球では輪廻が採用され、しっかりと学びにまで昇華するプログラムが組まれているのです。

（宇宙泡の最終的な）ブラックホールは雑多な情報のゴミ捨て場ではなく、美しくシンプルに洗練されたものが通るところです。9次元にまで意識をのばした結果としての、（数式であれ、学びであれ）体系化された情報が回収されるところだからです』

【討議のまとめ】

「これまで明確にはしてこなかったけれど、結局この宇宙は、3次元だけでなく5次元でもできているということだろうか。ダークマターで形成しているのが5次元だとすれば、そこにも重力があり、その重力によってさらに3次元の星ができていった、という流れはよく分かる。

そう考えると、もう一方のダークエネルギーとは何なのだろうか。メッセージでは、〈対生成・対消滅〉のエネルギーが最初にあったということだが、そのダークエネルギーはこの宇宙泡の中でどういう働き方をしているのだろうか。できれば説明してもらえないものだろうか」

アインシュタイン 『人も地球も宇宙の星も、それぞれが一つの霊的生命体です。それはホログラム化された幻想であるとはいえ、その中で生きるには、人の場合、肉体的には酸素や栄養が、霊体的には（プラーナと呼ばれるような）霊的エネルギーが不可欠だからです。意識していなくても、その見えないエネルギー（＝ダークエネルギー）によって、霊体は生命力としての活力を得ています。

これは星や銀河にも当てはまり、霊的エネルギーがあるからこそ活動ができています。星の周りにダークマターがあるのは、それがその星の霊体だからです。（狭義の）現象界は3次元・5次元で構成されていますので、この宇宙もそのような構成になっています。

人や星や銀河の霊体へのエネルギーの供給のために、ダークエネルギーは必要で、そのために〈対生成・対消滅〉は起こり続けています』（2019年6月17日）

▼脳から観念を通して投射された現実

――〈この世〉の3次元の世界の（物質の）ヒモというのは、見えるものはブレーンについている開いたヒモ、見えないもの（重力やエネルギーなど）は、閉じたヒモでブレーンにはついていない。それらが時空間という集合的観念によって、この3次元の物質世界を形成している、と考えていいでしょうか？

ホーキング　『〈この世〉というのは、脳の外側に映し出されているホログラム（幻）の世界です。脳の中に2次元のブレーンがあり、そこにヒモがつくことによって〈見えるもの〉となり、〈見えないもの〉は閉じたヒモでブレーンにはついていません。脳は集合的観念を取り込んでいるので、時空間をはじめ、この3次元の物質的世界を形成しているものは確固としてあるように感じますが、実情は脳から観念を通して投射されたものがこの現実です。

物質世界の観念というのは、集合的にもかなり強固なものになっているので、一度物質化されたものはそのまま時間経過を経てもあり続けます。ただし、集合意識的に把握が困難な肉眼では見えない素粒子レベルのことについては、本来のヒモの在り方であるゆらぎが観察でき、見た時に粒子になるという〈今〉のヒモの在り方が、現象として立ち現れます』

――それに対し、〈あの世〉のヒモは、反物質のヒモとして（閉じてもいないし、プレートに付いてもいない、ヒモという形で）ゆらいでいる、ということでいいでしょうか？

ホーキング　『そうです』

――そして、何かの本でブラックホール内の情報は決してなくならないと読んだように思いますが、その反物質のヒモには各次元の情報（＝智恵）が書き込まれ、〈アカシック・レコード〉として集積されている、と考えてもいいでしょうか？（注14）

ホーキング　『はい、そうです』（２０１９年12月5日）

▼ブラックホールとアカシック・フィールドに書き込まれる情報の違い

――ブラックホール＝〈黒の直日〉と考えていますが、例えば3次元を超えて次の次元に行くときに、〈4次元の直日〉に3次元を見るための色眼鏡（＝法則など）を張り付けると思っていますが、それでよろしいでしょうか？

アインシュタイン　『はい。ブラックホールに法則を張り付けて、その直日を超えて次の次元に行くことができます。法則を張り付けるのは、３次元を見るための色眼鏡という活用もできると思いますが、そのように情報を集積していっている本質的理由としては、はじめた宇宙泡を終わらせるためだといえます。その詳しい説明は、のちに出てくるホワイトホールとブラックホールのところでまとめてみたいと思います』

――その場合、そこに張り付ける情報とアカシック・レコードに集積される情報は違い、前者はその次元の法則、後者はその次元での学び・智恵と思っていますが、両者の情報の違いをもう少し具体的に説明していただけますでしょうか。

アインシュタイン　『例えば、私の $E=mc^2$ は、法則として〈4次元の直日〉に張り付けられました。それはあらゆるエネルギーの計算に応用できる根本数式で、そのような根本的で普遍的な法則がブラックホールには情報として張り付けられるといえます。それは一つとは限らず、ブラックホールにはいくつもの法則が張り付けられるもので、その数は次元を下るほどに多くなります。

アカシック・レコードとは、基本的には各次元での学びの全記録があり、３次元のそれは、個人の第1層の蔵がすべて集合したものになっていますので、最も複雑で膨大です。個人が〈あの世〉にいって振り返りをし、その体験を学びに変えることで、その学びを携えて次の次元にいくことになります。それが集合的にみれば、膨大な体験情報から本質的な学びだけが、エッセンスとして凝縮されて上位次元に上がっていくことになります。

この時、ブラックホールにその個人的学びをはりつけるわけではありません。上位次元にいくほどそれぞれの体験による学びが集約されていくので、その学びは叡智としてとてもシンプルなエッセンスにまでろ過されていくのです。それが、この宇宙泡での膨大な体験情報が、純粋な学びにまでろ過されていく仕組みです』

▼表裏一体の基本設定

――ホワイトホールとブラックホール、白の直日と黒の直日、宇宙の始まりと終わりの関係性についてお話しいただけますでしょうか？

アインシュタイン 『この宇宙泡は、ヒモと意識の組み合わせでいかに遊ぶか、そしてそこからいかに学びを得るかということで作られました。そのためのヒモに刻まれた情報の集積方法と、意識経路とが基本設定に盛り込まれています。

ホワイトホールとブラックホールは、どちらかといえばヒモの側面から見たときの呼び名であり、白と黒の直日というのは意識の側面からみた時の呼び名です。ヒモと意識は、その両者の機能が重なってこそ、その働きが有効になりますが、その時々の説明でどちらの側面に重心を置くかによって、使い分けていただければと思います。

この地球ゲーム（※この宇宙泡の「人間原理」とも言えるし、〈神のリーラ〉とも言える）は、〈無知の知〉からはじまっているため、その体験からの学びを次の遊び（ゲーム）にも生かすために、情報としていかに収集しておくか、ということで考えられたのが、次元ごとのブラックホールでした。ブラックホールは、シールドとしても機能するために、次元ごとの膨大な情報や学びを、法則化するまでに精査できてはじめて、そこを通り抜けられるシステムになっています。それは、情報が散漫にならないためのろ過システムとなっています。

また、ブラックホールに法則を張り付ける意味としては、その宇宙泡を終える時の鍵になるからです。全宇宙泡に共通する本質的な法則が、その次元ごとにさまざま応用されており、その次元ごとの謎を一つ一つ解いていくことによって、はじまりから終わりまでの各次元の直日を最終的に一つに重ねることによって、リセットとなる仕組みです。

ホワイトホールとブラックホール、白と黒の直日、はじまりと終わりは、ある意味表と裏のセットで一体験だといえますが、ホワイトホール（白の直日）は次元のはじまりとして意識が通っていき、ブラックホール（黒の直日）は次元の終わりとして意識が戻っていくという機能があります。

解明の中で、その直日の機能をONにしていくのは、脳の樹状ネットワークをONにしていくこととも似ていて、そこを通過するためのルートが開通されてこそ、その道が使える仕組みになっています。

すべての直日の鍵を開け、意識の通り道を確保できた時に、最後の〈10次元の直日〉に挑むことになりますが、その直日こそはじまりと終わりが一点で重なり、内と外がひっくり返る時のポイントとなります。

生成と消滅を何度も繰り返していくという点では、確かに宇宙も輪廻しているということになりますが、単なる輪廻の繰り返しというよりも、毎回設定条件を変えながら、学習発展型の輪廻機構の中にある、といえるのではないでしょうか』

▼宇宙の終わり方

――10億分の1～2の物質が、この世の物質を作ったという話がありますが、そうであれば

78億人のうちの10億分の2の16人が、ブラックホールの向こうの側の反物質の情報にまで到達すれば対消滅が起こるとも考えられるのですが、いかがでしょうか？　宇宙の終わり方のメカニズムをご説明下さい。

アインシュタイン　『宇宙をはじめるにも、終わらせるにも意識で語れば〈一瞥〉（＝一瞬）で終わるのですが、現象界的な側面からいえば莫大なエネルギーが必要になります。ここからの話は、私たちもすべて見通せているわけではありません。

ヴィジョンとしては浮かぶものの、それが言語で統合性をもって理論的に語るというところまで、まだ結びついていないためです。9次元レベルのことは、特に地上で言語化してまとめられるごとに、アカシック・フィールドに情報が書き込まれているという〈連動〉がありますので、それによって私たちも「そういうことか」と分かっていく段階にあります。

ヴィジョンとして浮かんでいるのは、白と黒の直日（ホワイトホールとブラックホール）が、コインの裏表のように〈対〉になって重なっています。それを指先の間ではさみ、クイッとひねると宇宙泡の核が回り、物質と反物質が出会って〈対消滅〉が起こり、同時に〈対生成〉の花火が爆発するというものです』

――もう一方で、今保たれているダークエネルギーの均衡が破れてビッグリップが起き、またヒモに戻って新たなビッグバンとなるとも考えられるのですが、その辺の可能性はいかがでしょうか。

アインシュタイン 『そのようにダークエネルギーの均衡が破れれば、ビックリップが起きるというのは、美しい理論です。こうして言語化されたり、世界中のさまざまな研究が進むごとに、そしてそれを理解する方々が増えるごとに、ダークエネルギーというのはどんどん作られていきます。その度に宇宙の膨張も加速していきますので、ビックリップにどんどん近づき、最後の1秒(注15)でもって急速にそれが進展する可能性もあります。はじまりがあれだけ一気にきたのですから、それと対を成す終わりも同様のはずです。

可能性というのは本当に蓋然的で、常に今の動向によって変わり、しかもそれはほんの些細な分岐でどちらにも転がる可能性がある五分五分のものです。ですから、絶対にそうだとは言えないのですが、地上の方々が言語化して理論をアカシック・フィールドに追加していくたびに、宇宙泡としての脳は、無意識で眠っていた状態から目覚めに向かっている、ということは確実にいえそうです』(2019年12月6日)

▼ダークエネルギーを増大させるものとは

アインシュタイン　『この宇宙泡は9次元までで構成されていますが、そこにおいてエネルギーで成り立っているのは、（狭義の現象界として）重力が働いている3次元と5次元のみです。つまりダークエネルギーというのは5次元のエネルギーのことを、ダークマターというのは5次元の物質ということになります。

7〜9次元にもエネルギーが作用しているようなヴィジョンはさまざまにありますが、そこには重力がないため、（狭義の）現象界的なエネルギー理論は適用されません。

では、ダークエネルギーとはどのように増えていくかというと、〈人の数×思念の分岐〉です。5次元の法則の〈思念は現実化する〉というのは、思念自体がヒモをダークエネルギーやダークマターに変える要素を持っていて、それが現象的にも立ち上がることを言います。ですから、近年の人口増加により、人の数は増え、なおかつその人々が自動的に頭の中でさまざまな思念を描いていますから、ダークエネルギーというのは急速に増えていて、宇宙の膨張は加速し続けているといえるのです。

ただし、第2層の観念に捉われた思念というのは、アストラル界のエネルギーを増大することにしかなりません。ここで言う〈4次元の直日＝解脱ポイント〉まで達した人の思念とは別物ですし、(肉体脳で言えば) 統合的な機能を果たす前頭前野が発達していない場合は、適切に思念するということも難しいといえます。

しかしその分、先鋭的な科学者たちが宇宙の真理を探究し続けていることは、大きな希望になるのではないでしょうか』

▼ダークマターとダークエネルギーの再定義

――クルックスさんの話によく出ていた〈エクトプラズム〉は、人間の幽体と同じものだと思いますが、それもダークマターに入るのでしょうか？　5次元の物質＝ダークマターということでしたので、霊体がダークマターであって、幽体はむしろ肉体に近いもののように思いましたが、目には見えないという意味ではダークマターに入るのでしょうか？

これについては、確か前にも回答があったと思い調べてみましたら、すでに2017年12月6日に、『ダークマターは、エクトプラズムやエーテルのことです。エクトプラズムとは物質とエーテルの中間ぐらいの霊的素材で、エーテルが原料となっています。5次元世界ではこれらを活用して柔軟な半物質を形成しています』と書かれていて、この時はなるほどと思っていましたが、再度の確認として、エクトプラズムも5次元の物質と考えてよろしいでしょうか？

アインシュタイン　『２０１７年当時の回答では、見えない物質はすべてダークマターとしていましたが、今は幽界と5次元を切り分けて考えた方が、宇宙泡にとってのダークマターの話に展開した時に混乱しないように思われます。ですから、今は〈狭義の現象界〉における5次元の物質をダークマターとしてください。

しかしダークエネルギーに関しては、５次元のエネルギーから、７次元・９次元の多次元世界を形成する思念エネルギーまでを含めて、これまで語られてきました。一瞬のきらめきであろうとそれは一つの現象と言え、ダークマターとは言えないまでも、ダークエネルギーの範疇に入るためです。

これらをまとめると、ダークマターはブレーンについた物質化したヒモであっても、３次元的な可視範囲にはないもので、それは5次元を形成する基本物質である。ダークエネルギーは閉じたヒモが一瞬現象化しているもので、狭義の現象界の中での話をしている場合は5次元のエネルギーを指すが、それ以上の次元の現象にも当てはめて語られることがある、とご理解いただけましたら幸いです』

▼神への信仰は?

――最後にお二人が神についてどのように思っていらっしゃったかは、好奇心から聞いてみたいところですが、いかがでしょうか?

アインシュタイン 『科学者が神をどう捉えていたのかというのは、個人差が大きく出るところでしょうね。私は宗教が語って聞かせる神については、全然ピンと来ていませんでしたが、宇宙を見ていてその中に溶け込んでしまいたくなる衝動や、とてつもないなつかしさのようなものが私の中にはあり、魂が求めている大いなる〈何か〉はあるのだろうと、無意識のところでは思っていました。

しかし大体にして〈神〉という言葉を人に言った瞬間、〈神=キリスト〉という観念が欧米ではどうしてもあり、それに反発をして議論を交わしたことはよくありましたね。真理は知れば知るほどわからないことの多さにも気づくので、(この宇宙の仕組みの深遠さを想像しながら)すごい! と感嘆することは多かったです。そういう意味で、人智を超える何かに対しては、それはあるだろうと思っていました』

ホーキング　『私はアインシュタインさんのように無邪気にではなく、もっと斜めから世界や宇宙をとらえていたところがあります（ちょっと卑屈だったのです）。その中で、知的好奇心という観点から宇宙の法則性に着目していました。ですから、神という言葉はまったく使わず、法則ですべてが語れるのではないか、人間もその法則の中の一つの要素に過ぎないという見方をしていました。

地上時代に「神はいない」としていたのは、私自身の体の境遇をどうとらえてよいのか、地上時代はその深い意味までを把握していたわけではなく、それに関しては不満をいだいていたからでした。ただひたすらその不遇に立ち向かい、思考的、論理的な筋立てによって科学的に証明していく道をまい進することで、その本質的な満たされなさから逃避しているところもあったのです。私は死後の世界さえも否定していましたから、本当に〈ヒモ〉派でしたね。

死後はアストラル界の低層の真っ暗闇の中にいました。そこがブラックホールではないかと思ったほどでしたから、よほど恨みつらみがあったのです。しかし、皆さんの音楽（※奉納ライブ）や般若心経が聞こえ、そこにいた私たちは本来の魂の願いは何だったのかを、その光によって一気に思い出させられたのでした。

もしそれがなかったら、私はまだあそこで立ち止まっていたはずです。死後の世界を否定しているというのは、霊的階層に戻っていくときのとても大きなブロックになるのです。光のチューブを通って天界に一気に駆け上がったときには、閃光のように一瞬でいろんなことがひらめいて、私はかなりの感動の中にいました。

少し落ち着いてからよくよく周りを見渡せば、まだまだ天界には上があり、アインシュタインさんのように理屈をこねない無邪気な人がかなり上層にいまして、(地上的観念では考えられない)面白い世界がこれから広がっていきそうです。共に学ばせてもらっています』(2019年12月10日)

▼〈この世〉の科学者への開示についての質問1

——日本の科学者に、この対話で話し合われたことをお伝えしてみるかどうかについては、いかが思われますか?

アインシュタイン 『いいんじゃないですか? ワクワクすることはやってみれば』

ホーキング 『え、それはどうなんでしょうね。止めはしませんが(と渋い顔をしている)。私は先ほどの脳の話でいうと、一つ一つ理論を思考で構築していったタイプだったんですね。

そしてそれをほぼ1人でしていましたから、その中での孤独も大いにあったものの、実は数えきれない喜びをその探究で体験していました。分かって行く時の喜びというのは、頭脳で進む科学者にとって何よりものモチベーションなのです。

そして今回の生でその道をチャレンジしたいと切に願って、輪廻は終わっているのに自分の探究心を試すために、私などは生まれて行ったところがあるのです。しかもあえて病気を投入して、その不利な条件の下でどこまでできるか、その境遇は私の魂の望むところであったというわけです。

ですから、もし私であったなら、自分が日々深めていることに対して簡単に答えを教えられたとしたら、「ガーン」とショックを受けたと思います。自分でこの謎を解いてみたいというモチベーションがそぎ落とされるからです』

アインシュタイン　『えー、そうなんですか。新しい意見ですね。私なんかは、なーんだ、そうだったかと、すぐスッキリしてしまうと思うんですが……』

ホーキング　『人によってずいぶん違うのだなというのは、私も今回よく分かりましたね（笑）』

（2019年1月21日）

（注14）アカシック・フィールドとアカシック・レコードの違いは、メッセージで次のように説明されている。

『アカシック・フィールドというのは、〈あの世〉のひものゆらぎの場のことであり、そこに適切に質問をすると、その瞬間の単発的知識を、情報として降ろすことができます。しかしそれを構築・体系化できるのは、地上での肉体脳だけであり、しっかりと統合されたものが1冊の本のような叡智としてアカシック・レコードに収納されます。

7次元まではアカシック・レコードと呼び、9次元になってからアカシック・フィールドという呼び方に変えたのは、7次元までは先人がまとめた記録（レコード）がすでに書き込まれていたからでした。9次元の叡智をフルにするというのは、ただのゆらぎの場であるアカシック・フィールドを、叡智を集約した体系的記録としてのアカシック・レコードに変えていくということです』（2021年5月7日）

（注15）〈最後の1秒〉については、次のような討議があった。

「この宇宙のはじまりから現在までの歴史を、1年に換算した〈宇宙カレンダー〉によれば、はじまりというのは0.00000000・・・1秒のほんの一瞬に過ぎないという。そう考えれば、終わる時というのもそのように一瞬なのではないかと推測できる。

その〈宇宙カレンダー〉によれば、人類の祖である猿人が誕生したのは（1年の最終日である）12月31日21時頃になる。22時45分に原人が、23時52分に現代人のホモサピエンスが、23時59分22秒に縄文人が、23時59分53秒に弥生人が、23時59分59・7秒に日本で明治維新が、アップルがiPhoneを発売したのが23時59分59・98秒（2016年1月現在として）。

近代科学が発達していろいろなことが分かっていったのは、結局は全歴史を1年にした場合、最終日の深夜23時59分の中の最後の1秒間に集約されることになる。一瞬でできたものが一瞬で終わるであろうことは、この〈宇宙カレンダー〉からも読み取れるのではないだろうか」（2019年12月2日）

3 南部陽一郎＆湯川秀樹――入れ子式の宇宙

次に〈あの世〉の物理学者、湯川秀樹さんと南部陽一郎さんとの対話に入りましょう。

湯川秀樹さん（１９０７〜１９８１）は、原子核内部における中間子の存在を理論的に予言して、１９４９年に日本人として初めてノーベル賞を受賞した理論物理学者です。

一方、南部陽一郎さん（１９２１〜２０１５）は、１９５２年に渡米した日系アメリカ人の理論物理学者で、「超ひも理論」の創始者の一人であり、〈自発的対称性の破れ〉の発見によって２００８年にノーベル物理学賞を受賞されています。

ここでは主に、〈素領域理論〉と〈自発的対称性の破れ〉とを中心とした対話についてまとめます。

▼死後の世界も意識は残る

南部　『こうしてお話をさせていただく側になるというのは、皆さんがおっしゃっていたことと同じですが、感慨深いものがあります。例えるなら、宇宙飛行士が地上クルーとはじめて電波がつながって話せた時の喜びと似ているのかもしれません。

はたして、死んだらどうなるのだろうかと思っていましたが、肉体は亡くなっても意識は残りましたね。「なるほど、こういうことなのだな」というのは、すぐに悟りました。つまり、物質世界でたくさん遊び、学んできなさいということで、私は地上に生まれていったのだということ、そしてこちら（皆さんから見れば〈あの世〉）でも個性はそのままで、しかも〈あの世〉の集合的な意識と自由に情報共有ができる（テレパシーを使える感じです）ということ。

また、今や〈あの世〉と〈この世〉の協力のもと、この宇宙泡の始まりから終わりまでを、何ゆえこの現象界が作られたのかを押さえた上で、それがどう成り立っているのかという法則の解明がなされている、ということなどです。

さらに、究極の叡智は〈無知の知〉であり、だからこそ大元の意識は「知りたい！」と思って、ヒモで現象界を作ったのだと聞いて、「なるほど、物理学に携わってきた我々が、なぜあれほどまでに強い好奇心で熱心に研究していたのか」という理由が分かりました。まさに大いなる意識と合致していた、ということなのですね。それはもう、ガッツポーズものでした。

さて、私に求められていることは、地上の科学者に分かる専門用語で詳細なことを述べることではなく、今こうしてやりとりしている皆さんの文脈に沿って、それをわかりやすく伝えることのようです。ですから、（次章4に登場いただく）脳科学者の伊藤先生のお話もそうだと思いますが、この対話はそれを専門とする科学者の皆さんに読んでいただいても、なるほどと思われる方は少ないと思われます。むしろ話にならないと、一笑される方がオチでありましょう。

それは科学的スタンスというのは、あくまでも物質的側面に足場があり、その方向からの探究は日進月歩で進んでいるわけですが、どうしても超えられない謎（ダークエネルギーや消えた反粒子など）は、やはりその物質的枠組み自体を超えて、意識の世界を受け入れる以外には解決しようがないからです。

つまりこの宇宙は、ヒモを素材としていますが、それに意識があたってこそ現象はある、ということです。そしてその意識というのはヒモと組み合わさって、光やエネルギーとして機能するようになっています』（2019年12月18日）

▼対称性の破れ…消えた反物質はどこに？

――消えた反粒子（＝反物質）はどこにあるのでしょうか。

南部 『インフレーションで、〈無〉の中にホワイトホール（10次元の直日）ができました。そこからビッグバンが起こって9次元の物質世界ができていったのですが、その時はすでに（現在の物質分に相当する）反粒子は消えていました。どこに行ったかというと、インフレーションの中に置いてきたということです。それはつまり、ホワイトホールの裏側にその情報が張り付けられているということと同じことです。ということは、今、皆さんが追及しているブラックホールの側に、それはあるということになるのです。

はじまり（生成）と終わり（消滅）はセットです。素粒子レベルで見れば、対生成と対消滅がセットであるように、宇宙という単位の生成と消滅も同様です。それは時間経過を考えれば、138億年かけて育ってきたといえますが、本来時間というのは幻（集合的観念）ですから、一瞬で起こっていることをそれだけ長い時間が経ったと、私たちの脳やこの宇宙泡という脳自体も、そのように錯覚しているわけです。一瞬のこととして考えるとシンプルで、ホワイトホールとブラックホールによる瞬間的な爆発に過ぎないのです。

つまり、この宇宙泡はヒモと意識によってさまざまに作られている、意識の体験の場であり、本来は一瞬でできるはずのものを、物質と反物質の対称性を破ることによって、物質世界という幻想をホログラム化して創り出しているということなのです。その始まりと終わりを担うのが、ホワイトホールとブラックホールであり、まずはホワイトホールから、意識と結びついたヒモ（エネルギー）がビッグバンとして宇宙に広がりました。

反物質分はブラックホールの中に残ったまま、宇宙は広がって今の物質的宇宙になったということです。そこに最終的に発達した脳をもつホモサピエンスが現れ、その脳でもって自分や宇宙のことを的確に認識し、その創世の謎を解明していけるようになりました（＝「人間原理」）。それを解明しつくすと、この宇宙の出口であるブラックホールにたどりつきます。そのブラックホールに残っていた反物質は、ある意味解明すべき謎（情報）であり、そのブラックホールに残された謎を解いたときに、このゲームは一旦終了となります。

つまり人間原理で創られたこの宇宙は、それを人間の脳で、しかもさまざまな特性をもった人々が協力をし、それらの情報を統合していくことによって、最終的な法則を見出した時に、ゴールにたどり着く、というシステムになっているということです』

▼膜によって隔てられた内界と外界

南部　『宇宙を情報集約の機能から見れば、脳に象徴して例えることができます。脳は内と外をつなぐ接点として、どちらも視界に入るために、最終的に内も外もない世界観にたどりつくことが可能です。本来は内も外もなく、意識とヒモの組み合わせによって（広義の）現象界が創られているのだというのは、最もシンプルな真実だからです。

しかし肉体という皮（膜）が与えられた人間は、その個別の肉体脳によって、〈私〉が認識されるようになりました。そのため〈私〉とは、肉体を基準とした一単位であり、自分と他者を明確に区切って分離した存在であるという、確固とした観念をもっています。この〈皮〉が宇宙でいうと〈シールド〉（＝ブレーン）となり、次元を区切ることにもつながっていきましたし、宇宙泡というのも大きな膜でひとくくりにした泡であるといえるのです。

このような膜があることによって、膜の外に物質的外界が、膜の内に意識の内的世界があると、分けて考えられるようになりました。外的世界とは本来は単なるホログラムであったとしても、〈この世〉においては活動のメイン会場ですので、そこを考慮に入れて捉えていきたいと思います。

外的世界の次元を移動する時には、そこにはシールドが張られているので、ただ肉体を脱いで霊体になるだけの方法では行けません。その膜（シールド）を超えるためには、一度、直日に至って内的世界を経由して（クルンと回って）、その上で次の外的世界に行くというルートを取らざるを得ないということです。

それは、内的世界の円は、3次元を外側にして、その内側に5次元、7次元、9次元とより小さくなる円で象徴的に示せますが、外的世界の円は逆に、3次元を中心として、その外側に

5次元、7次元、9次元と広がり、どちらの円も入れ子式に重なっていて、なおかつその両円の極大と極小がつながっている、という構図になっているからです。

意識の側から見て探究していくというのは、自らの内に深く入っていくことですし、体の側から外界を探究していくというのは、どこまでも外に意識を広げていって、最終的に宇宙の始まりにまで意識を及ぼす、ということになります』（2019年12月19日）

ここまでの〈あの世〉の物理学者との対話、特に最後の南部先生との対話から最終的なヒントを得て、作成したのが次ページの図2です。

図2〈あの世〉と〈この世〉の成り立ち 解説

❶〈ヒモと意識〉からなる宇宙

この図2は、〈大元の神〉がどのように〈この世〉としての宇宙を創り、その体験をどう〈あの世〉で学びに変えているかという意識の流れを、総合的に示したものです。

〈大元の神〉とは、〈全知全能の神〉でも、人格神でもなく、〈無〉の中からただ1点、意識

【図2】〈あの世〉と〈この世〉の成り立ち

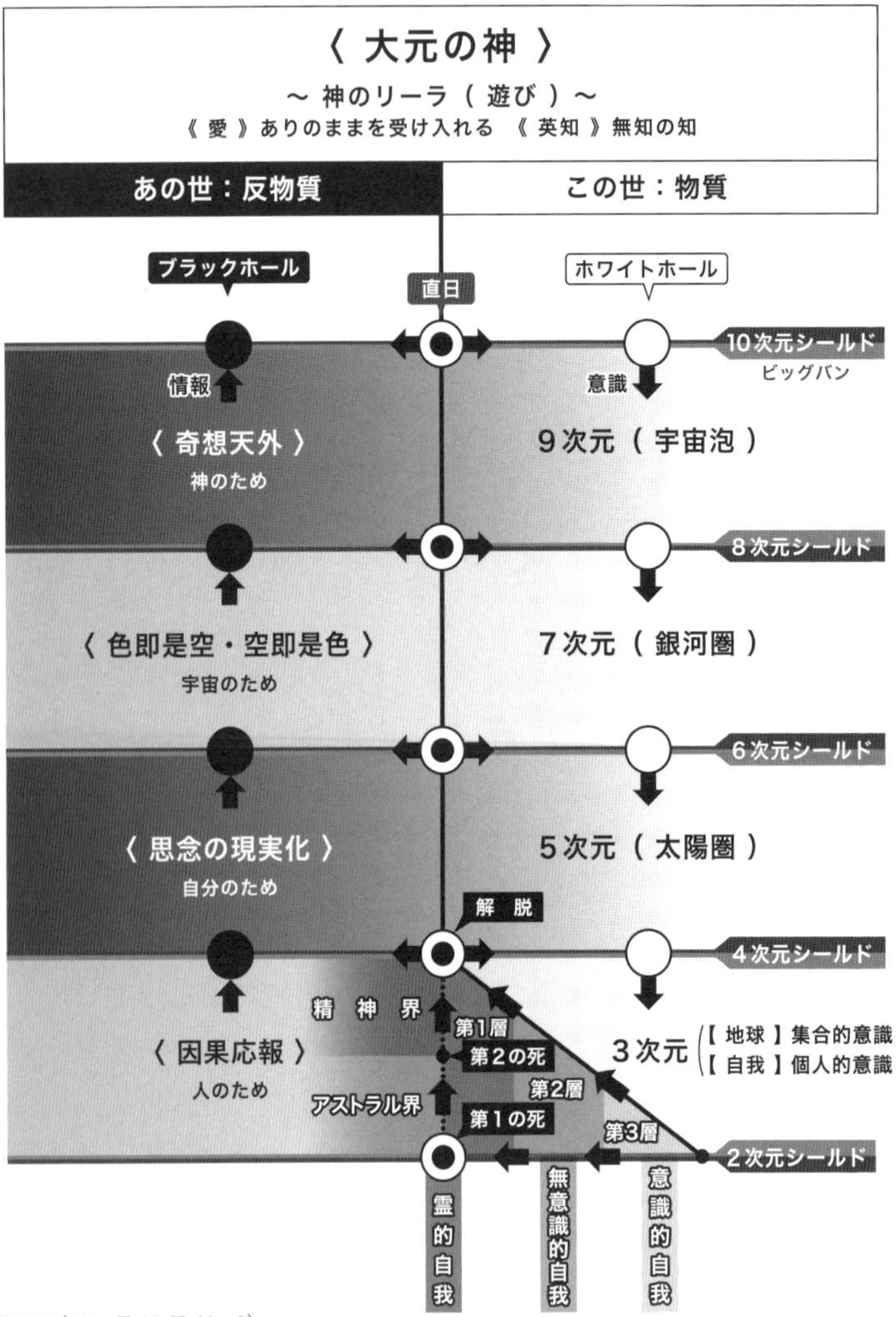

(2019年11月29日 No.8)

を宿したヒモでした。ポツンと宙に浮いているだけでは何も分からないため、私とは何かを知るために次々と多様な分身をつくり、さまざまな体験をすることにしました。〈直日〉とはその意識の通り道のことで、それを現象界としての立ち現れ方で示すと、ホワイトホールとブラックホールになります。

〈この世〉も〈あの世〉も〝ヒモと意識〟からなる現象界であり、〈この世〉は物質として、〈あの世〉は反物質として鏡のように存在していますが、それは中央の〈白黒の直日〉で重なってはいるものの、表と裏のようなものですので、その2つが出会うことはありません。

しかしこれから説明するように、人類の脳でこの宇宙の仕組みや法則を解明していくと、〈この世〉のホワイトホールと〈あの世〉のブラックホールが、はじまりでもあった10次元の直日で再び重なることにより、一つのサイクルが終了し、次の新たな次元（＝11次元）を開くことが可能になります。

この宇宙は〈人間原理〉でできていますが、それはこのように3次元の人間の発達した脳によって、この宇宙の謎を解明していくためでした。時間をかけてその情報を言葉で蓄積していき、それをさらに統合して学びに変えていく能力まで、人類の脳は最終的に持つことができたためです。

〝この宇宙は〟と限定したのは、他の宇宙泡ではまた別のテーマでさまざまな体験をしていて、皆さんの宇宙はその無数にある中の一つにすぎず、地球はその中でも辺境の小さな惑星ではありますが、〈意識〉という面では宇宙泡の脳として、中心的な役割を果たしているといえるのです。

では、その地球がどのようにできたのかを、図2に沿って説明していきましょう。

❷〈この世〉の成り立ち

図の右側の〈この世〉というのは、〈大元の神〉が〈ヒモ＋意識〉を散らすことによってビッグバンを起こしたことがはじまりでした。シールドとあるのは、ヒモがつくためのブレーンのことで、その境界としての膜の機能があることによって、各次元が重層的に存在することができます。なおかつヒモがそのプレートにつき、そこに意識があたることによって、物質的な現象として立ち現すこともできます。

〈この世〉は、9次元の宇宙泡→7次元の銀河圏→5次元の太陽圏→3次元の地球へと意識を広げてきたのですが、次元を下るに従ってより複雑な現象界となりました。9次元はワンネスの意識で一瞬それが光る程度の単純な現象ですが、それが7次元ではより細密化していき、5次元ではダークマターやダークエネルギーを活用した霊的な個の世界が、3次元になると時間と空間の観念に加えて肉体をもった〈個体〉が、自ら考え意識を発する〈私〉という存在にまで達することができたということです。

5次元までは〈大元の神〉とつながったワンネスが基本だったのが、この3次元だけはそことつながるには、第1層（魂）にまで意識をのばすという意志的努力が必要になりました。それは選択の自由を得たということでもあるのですが、その独自の意識を持ちえた自我は、神（＝自らの魂）に向かうのか、それとも神から離れるのか、そしてその集合意識としての全体はどちらに傾くのかという実験の場が、この3次元の地球であるともいえます。

そのような自由意志をもつため、3次元の自我というのは0次元からの意識が直接入ってくる形となっていますが、2次元のシールドに不要な観念をつけていくと、第2層の無意識的自我にそれがたまり、それが集合してアストラル界が形成されました。

死後（第1の死）は、そのような個人的・集合的観念をアストラル界と精神界で浄化していくことにより、仏教的には〈解脱〉と言われる〈4次元の直日〉に至ることができます。〈第2の死〉というのは、アストラル界を超えてこそ、本来の霊的実在界に入ることができるため、地上的自我で作ったモヤの世界から抜けるという意味で、そのように名付けられています。

図の第1～3層は人間の心の三層を示しています。それは第3層の意識的自我（意識している私）、第2層の無意識的自我（見たくないと抑圧している私）、第1層の霊的自我（魂）から成り立っていて、自我が直日に至るには3次元の法則である〈因果応報の法則〉をクリアすることが条件です。

4次元の直日に至る斜線は、地上で生きているうちに〈即身成仏〉をするルートです。本来は死後に行われる〈人生回顧〉を、生前に第1〜3層の心の動きを「ありのままに見て—受け入れて—学ぶ」ことによって〈即身成仏〉の境地に至った場合には、死後は直接天界以上の〈あの世〉に行くことができます。

❸〈あの世〉の成り立ち

ここからは、図の左側の〈あの世〉の説明をしたいと思います。それらの層には、各次元の第1層（魂）に収納された無数の体験が、アカシック・レコードとして蓄積されています。そこは3次元のように時空間の観念もなく、物質的な世界でもないため、基本的には無意識的なゆらぎと同等のスタンバイ状態にあります。〈あの世〉の方々も、各個の直日からそれらの情報にアクセスしています。

そこにある情報を〈この世〉で得るには、4次元の直日にまで意識が達している方であれば、直観的に受け取ることができます。霊能者や芸術家に限らず、科学者から一般的な方々までも、ひらめきとして享受していることは多いはずです。

左の各層のアカシック・レコードには、膨大な情報があるために、それをそのまま上位次元にもっていくことはできません。ですから、全体機構の情報収集法としては、それらが整理・統合された学びのみが、そのブラックホールを超えて次の次元に持ち上がる仕組みになっています。またブラックホールには、各次元の法則が張り付けられていて、そこを超える時にも、〈次の宇宙で〉その次元を再度創る時にも、またその法則を押さえた上で意識は通過できる仕組みとなっています。

各次元の法則は、左右の〈この世〉でも〈あの世〉でも共通ですが、3次元では〈因果応報の法則〉の中で、いかに「人のため」という動機（＝ゴールデンルール）で行動できるかが課題であり、5次元ではワンネスの中の私としての「自分のため」に、〈思念の現象化〉の法則を使って、いかに創造性を発揮できるかを楽しむところです。

7次元は確固とした物質（色）があるということではなく、意識した時にだけそれはあるという〈色即是空・空即是色〉の真理を、もはや個の枠組は越えて「宇宙のため」に法則立てられているところです。9次元はマルチバースとしてたくさんの宇宙泡が出来る中の一つ、しかもその中のあらゆる可能性が広がる中で蓋然的な〈今〉があるという〈奇想天外〉な真理で成り立ち、そこはもはやあらゆる可能性を試し、それを学びに変えていくという意味で（無知の知の）「神のために」という動機がふさわしい領域だといえます。

いずれにしろ〈あの世〉というのは、〈この世〉でのさまざまな体験の情報が集積している中、それをブラックホールというフィルターを通してろ過して上位次元にあげていくことで、叡智にまで純化された情報を回収していくルートとして機能しているといえます。

❹〈神のリーラ〉としての宇宙

本来はホワイトホールとブラックホールは、中央の直日のように重なっていて、その次元の表と裏として機能しています。それを3次元の第3層の自我から理解していくためには、この図のように一段ずつ細やかに意識化をし、右側の意識の広がりと、左側の情報集約の機能とに分けて考える必要がありました。そして今や、この図ができたことにも象徴されるように、この宇宙泡の真理はほぼ解明されつつあるというのが現状です。

この図は、3次元の見える世界だけでなく、〈この世〉と〈あの世〉を含めた広い意味での〈現象界〉を捉えているところが特徴です。この現象界はすべて〝ヒモと意識〟で構成されていて、現実というのはそれがホログラム化されている幻想であり、時間も空間も、地球も人類もすべて、〈あの世の私〉と〈この世の私〉が共に見ている夢なのです。

それはまさに〈神のリーラ（遊び）〉であり、その神は〈愛と叡智〉でもってそれを楽しんでいるといえます。愛と叡智には、あらゆる段階がありますが、究極の神の愛とは、自らの分身として個に分かれたすべての体験を、〈ありのままに受け入れること〉であり、究極の神の叡智とは、そのどの体験からも謙虚に学ぶという〈無知の知〉であるといえないでしょうか。そうであるとするなら、この宇宙泡、そしてその中の地球は、それぞれの体験から学ぶために〝意識とヒモ〟を駆使して作られた、最高の遊び場だといえることでしょう』（２０１９年12月21日）

［補足説明］なお、この図2において「ある―ない」、「空―色」、「０―１」の違いを説明するならば、右側の3次元と5次元の〈狭義の現象界〉においては、「ある」か「ない」かになり、左側の〈あの世〉と右側の〈この世〉については「空」と「色」となり、この図に表されたすべてが〈ひも＋意識〉の広義の現象界ということでは「１」、その背後にある「意識のみ」が「０」ということになる。

▼〈この世〉の科学者への開示についての質問2

アインシュタインさんとホーキングさんにした質問を、今一度、南部先生にもしてみたところ、次のような答えが返ってきました。

——図2とその解説を含めたメッセージを物理学者の方にお送りしたら、どなたか受け止めてくれそうな人はいるでしょうか？

南部 『真の科学とは、哲学や宗教、心理学や心霊学などと重ならざるを得ません。人類は一つの山を別々の道から登頂することを目指しているわけで、自分の道の枠組みにとらわれず、山全体をまずはとらえてほしいものですね。

どなたがどう思われるかは分かりませんが、提示してみてその反応を見てみること自体も、面白い実験だなと感じています。また〝種を蒔く〟という意味では、その時は理解されなかったとしても、長い目で見れば非常に意味がありますので、いい土壌をもっていそうな方々には、お伝えいただければと思います』（２０１９年12月20日）

そこで、一応3人の理論物理学者にお送りしてみましたが、案の定、全くどなたからも返事はなく、〈この世〉の科学者との対話は期待できなかったため、その後も〈あの世〉の科学者の方々との対話を続けることになりました。ただし、その後、『神の物理学　甦る素領域理論』（保江邦夫、海鳴社　２０１７）を読み、湯川秀樹さんの〈素領域理論〉を知り、あの世の湯川秀樹さんと対話することによって、次元が入れ子式に重なっている次ページ図3の宇宙の構図を描くことができました。

▼素領域理論による宇宙の構図の作成

【討議のまとめ】

「この図3は、まず9次元の泡からはじまり、〈自発的対称性の破れ〉によって7次元の泡ができる。その泡の中にまた小さな泡ができる構造は、7→5次元、5→3次元も同様で、その中の一番小さな3次元の泡の一つが、〈人間原理〉として我々の生存に適した地球になったというものである。

『神の物理学』の中では、その素領域の外側が、完全調和（＝神）ということなので（例えば3次元の泡をつなぐ5次元の泡が完全調和ということになる）、そうすると3次元にとって

【図3】宇宙の構図

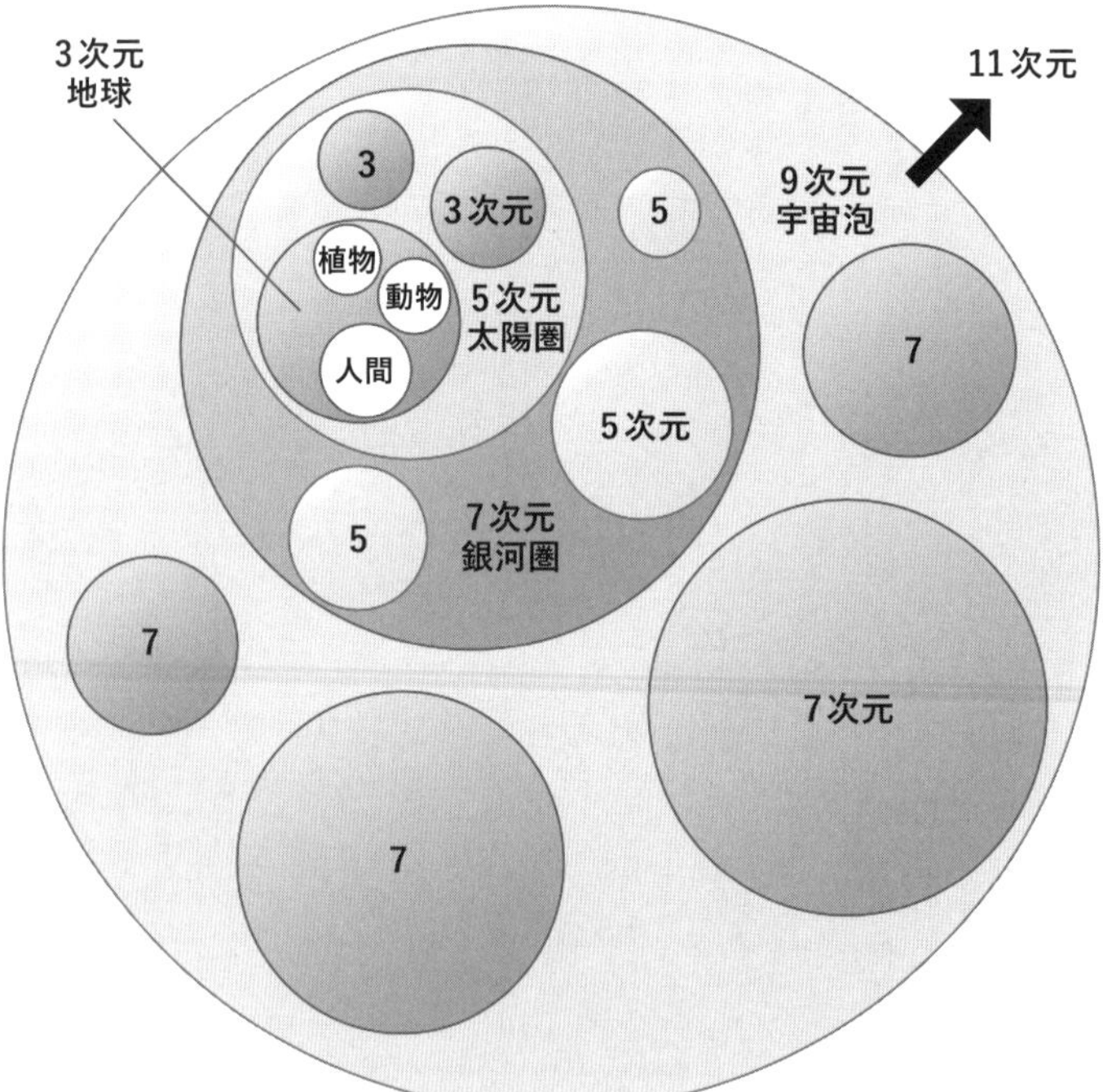

（2020年6月22日 No.10-1）

の完全調和は5次元、5次元にとっての完全調和は7次元、7次元にとっての完全調和は9次元、さらに9次元の完全調和は11次元ということになる。

そう考えると、この図3は、私たちが一つ前に作った図8（283ページ参照）を空間的に展開した図だということが分かる。11次元⇕9次元、9次元⇕7次元、7次元⇕5次元、5次元⇕3次元という、一つ上の次元が完全調和の〈あの世〉として存在していることと、同じ構造だといえる。

図3では、9次元→7次元→5次元→3次元と泡が〈入れ子式〉に作られ、その最も小さな3次元の泡にいる人間が、各次元の法則を解いて4次元→6次元→8次元のシールドを突破し、次第に意識を3次元→5次元→7次元→9次元にまで拡張して来た。

そして〈今〉、最後の10次元のシールドを突破できるかどうか、というゲームの最終局面に達している。そこまで一定数の人間の集合意識が達したならば、今度はそこが〈大元の神＝直日〉になって、次の11次元の宇宙泡を開くことができるようになる。こうしてこのゲームは、終点にたどり着くたびに、その宇宙泡を次の次元へと拡大できるということを、この図によって示している。

〈素領域理論〉で語られるスカラー粒子というのは、一般的な単純な星の場合のことで、もう少し複雑なスピノール粒子というのは、シールドによって次元が区切られている地球に限られたことなのかもしれない。スカラー粒子の場合は、単に一つの風船という感じだが、スピノール粒子の幾何学は、泡の中にまた泡があるという複雑な構造なので、何回転もしなければ元に戻らないということであろう。

私たちの解明においては、これまで次元とは何かを具体的に考えることを棚上げにして、概略として9次元から3次元へと次元を拓いていくに従って、ヒモも複雑になっていくのだろうと思っていた。素領域とは、そのヒモを入れておく泡であり、次元の区画ごとに存在する仕切りでもある。それをこれまで考えてきたことと照合するならば、泡（の境界）＝シールドであるともいえるだろう。

また、人間というのも一つの素領域であり、皮膚（膜＝シールド）の中に、また細胞があるという、宇宙と同じような入れ子式の構造になっているのだろう」

湯川　『ありがとうございます。スカッとしました。そして、素領域理論をここまで育てていただき、感無量です。泡の膜がシールドであり、なおかつ泡の中心の直日からひっくり返って外の次元に行くという、地球ならではのシステムがあるからこそ、このような入れ子式が成立するようです。

保江さんが言う、ただ単純に次元が拡大していくという無限次元というのは、〈人間原理〉

で成り立っているこの地球の特殊性を考慮しないもので、地球以外の星の場合は、確かにそう把握していてもかまわないことと思います。しかし、そのような星の場合は、一つ上の次元しか見えませんし、自分たちで宇宙全体をリセットすることは到底できません。ですから、それ以上の次元もこの連続なのだろうと考え、ただ上昇し広がる一方だとしか、捉えられないのです。

しかし人間（の脳）は、自らの意識の中心（＝直日）を捉えながら、各次元の謎を解明することができれば、次の次元、そしてまたその次の次元へと、意識の範囲を拡大することができます。これは外的な宇宙空間の図ですが、それは同時に内的な意識が広がる範囲でもあります。

〈自発的対称性の破れ〉とは、これらの空間のさまざまな段階において見られますが、究極的なところでは、９次元のはじまりもそれによって起こりました。安定した秩序ある状態から物質と反物質の均衡が破れ、物質の方が10億分の１～２多いという、対称性が崩れた状態が物質的世界のはじまりだったのです。この対称性が崩れた状態は、エネルギーを一定方向に動かしはじめました。この一定方向の動きが、各々の泡（次元）を創るというはたらきになったのです。

そこには重力も関わってきます。小さな泡（下位次元）ほど重力は強く、物質的に結合しやすい状態になっていきます。それはつまり、重力が強いためにシールドにヒモが固定的につきやすいということです。

そして、人間の体も物理的構造は宇宙と同じで、霊体という泡の中に幽体、幽体の中に肉体、肉体の中に臓器、臓器の中に細胞、細胞の中に原子、原子の中に原子核、原子核の中に素粒子、という入れ子式の泡構造になっています。

さて、ここまでは物理的な側面からの見方でした。ではそのシールドにヒモをつけているのは誰かとなると、一人ひとりの人間の脳なんですよね。

このような物質宇宙を模した体をもつ人類は、意識の構造としても宇宙（＝神）と同じ原理を内包させているというのは、目が覚めるほどに感嘆する叡智だといえます』（２０２０年６月22日）

▼未来と過去

【討議のまとめ】

「図２（１２６ページ）でいえば、〈あの世〉からの意識の流れは〈未来→今〉を表し、〈この世〉からの意識の流れは〈過去→今〉を表しているといえないだろうか。そして、両者を重ねた３次元の交点（底辺）で、〈今〉が合うようになっている。

そうなると、〈あの世〉からの情報を伴う意識の流れは、未来に向かって情報を降ろしているという面があるのではないだろうか。つまり〈あの世の私〉というのは、その人の使命や課題などがすべてわかっているからこそ、そこに向かうために〈今〉必要な現実をその時々で〈この世の私〉に送ってきている。

そして、そのすべてを見通している〈あの世の私〉が投げてくる現実に、〈この世の私〉が素直に応じることができるならば、天意に従った（＝魂の願いに適った）〈この世〉の未来を、天地の共同作業によって創出していくことができるのではないだろうか。

さらに、そのような〈今〉に立てば、過去も常に刷新される。過去というのは、結局それまで作り上げてきた観念でもあるので、常に人間を地（この世）に引っ張り、未来というのは人間を天（あの世）に向かって引っ張る、ともいえるのかもしれない。

もちろんここでいう未来というのは、一般的によくあるような過去に捉われて（第２～３層で）未来を心配しているというようなものでもなく、また〈引き寄せの術〉のようにエゴの欲求によって未来を引き寄せる、というたぐいのものでもない。また、明るい未来を思念するという〈思念の現実化〉で作る未来もあるだろうが、今話しているのは、未来に向けて〈あの世の私〉から提示されてくる〈今〉ということで、それは〈天地の対話〉によって〈則天去私〉で創る未来のことを指す。

この宇宙泡としての最終的な未来というのは、9次元を11次元に拡張するということだが、そこに向けて私たちは、その都度の〈今〉で必要なボールを〈あの世〉から投げられてきた、ということなのではないだろうか」

『空間と時間は比例しています。次は図3での時間的要素も考えていただけますでしょうか』

（2020年6月22日）

▼〈自発的対称性の破れ〉と〈復元エネルギー〉

【討議のまとめ】

「〈大元の神〉は、対称性の破れによって、まずは9次元を創った。その9次元が調和してしまう（＝体験し尽くしてしまう）とだんだん退屈になって、また次の破れによって7次元を創った。それが繰り返されて9→7→5→3次元と創り、その3次元の中にもたくさんの星を創った。地球はその中の一つの星で、そこには動物もたくさんいるけれど、最後に高度な脳をもったホモサピエンスが創られた。

一方、〈自発的対称性の破れ〉によってできた素領域は、破れたものを元に戻すための復元エネルギーをもつという。そう考えるならば、私たちの各次元の法則の解明というのは、それを元に戻すためのエネルギーだったのかもしれない。

だからこそ私たちが歩む道のりは、創った時とは逆になっていて、3→5→7→9次元へと解明している。とすると、各次元の法則を解明するごとに、破れを元の状態に戻している、ということなのかもしれない。9次元の泡自体も〈自発的対称性の破れ〉によってできたということだから、9次元まで解明したなら次の泡（＝11次元）に拡張することができるのかもしれない。

そう考えれば、時間的な流れというのは意外に単純なものになるのではないだろうか。そして、次の11次元に行くための9次元の必要最低限の解明ができれば、次の調和にまで戻すということなのではないだろうか。

今回、〈素領域理論〉というまったく新たな切り口からの解明であったが、これまで私たちが〈あの世〉の解明によって積み上げてきた理論と齟齬《そご》があるわけではなく、むしろ互いに統合できるものであった。これまでの流れの中で、私たちは〈天地の対話〉によって解明していくたびに、各次元の〈直日〉の鍵を次々と開けてきたと言われてきたが、それは時間的経緯の中でやってきたことで、今やすべての直日をこの〈今〉に合わせることが、最後の課題になっている。

3～9次元の直日が〈今〉で重なれば、最終的に大きな花火の爆発が起こって11次元が拓かれる、と言われてきたことが実現するのだろう。これまで9次元内での花火か、新たに11次元に拡大してのチャレンジになるのかが問われてきたが、今の状況を見ると11次元の可能性もかなり高まっているのではないだろうか」（2020年6月23日）

南部　『復元エネルギーとは、元に戻ろうとするエネルギーですが、物質世界の中ではエネルギーは高い所から低い所に流れやすいので、次の秩序の段階で安定すれば、元の完全調和（0エネルギー状態）に戻るということは、そうそうありません。

ですから、9次元から7次元ができればひとまずそこで安定する、ということを繰り返して、9次元→7次元→5次元→3次元と時間的経緯をたどってきました。

つまり〈自発的対称性の破れ〉というのは、図2（126ページ）でいえば〈この世〉の9次元から3次元に向かう〈過去→今〉の流れにおいて、時間経過とエネルギー流動が起きる流れを作っていることになり、逆にその復元エネルギーというのは〈あの世〉の3次元から9次元に向かう〈今→未来〉という流れでもたらされているといえます。

さらに詳しく説明すれば、〈あの世〉に対しての解明の質問というのは、ある一定方向のエネルギーを向けることであり、それは〈無知の知〉による〈好奇心〉が現状でのひとまずの安定を破って、さらに次に進もうとする行為です。それはまさに〈大元の神〉が最初に破れを創った時の流れを、そのまま引き継いでいるともいえ、質問というのは〈自発的対称性の破れ〉の延長で〈この世〉から〈あの世〉へと向かう流れとして位置付けられる、ということです。

逆に〈あの世〉から〈この世〉へと情報を降ろすことは、もう一度〈大元の神〉に回帰するための、リセットに向けた復元エネルギーを推進することになっているともいえ、それを地上で統合することで過去と未来が〈今〉によってつながるといえます。

これを図3で、時間経過とエネルギーの動きを合わせて象徴的にヴィジョン化すれば、外周から中心に向かって、一つの大きな渦が9→7→5→3次元へとエネルギーが流れていくのが〈過去→今〉。それとは逆に、中心から外周に向かって、先ほどとは反対回転の渦で3→5→7→9次元へとエネルギーが流れていくのが〈今→未来〉だといえます。

その2つの反転する渦は、物質エネルギー（自発的対称性の破れによって質量をもったエネルギーの流れ）と、反物質エネルギー（それとは対になる、質量0に向かうような、解明によってできる復元エネルギー）ともいえます。

その渦が〈今〉という中心でもって表裏で合わされば、（この9次元までの宇宙泡の夢は）元の0になります。そして、さらに皆さん自身が〈無知の知〉に根差してもっと知りたいと思えば、次の〈自発的対称性の破れ〉が11次元に向けて起き、これまでのエネルギーを超える新たな花火ができるといえるのではないでしょうか』（2020年6月24日）

図3 宇宙の構図 解説

――湯川秀樹さん、改めて図3のまとめをお願いします。

湯川 『この図3は、私が生前〈素領域理論〉として、素粒子を包む空間に着目していたものを、サラ・チームのこれまでの理論と統合することによって、宇宙の空間構造を体系的に示した図です。図8（283ページ参照）では、（一つ上の次元との）天と地の対話によって真理が解明されるプロセスが明らかになっていますが、この図3もそれを空間的に可視化する形で表しています。

つまり、外側の余白の部分を〈大元の神〉としての完全調和とすれば、その調和状態では神はあまりに退屈であるために、その調和を破るエネルギーを生み出します。それは南部陽一郎さんが生前に語っていた〈自発的対称性の破れ〉と言われるものですが、そのエネルギーの流動によって空間と時間をもつ〈泡〉が生まれるという仕組みです。

その泡の中でエネルギーは動き続けますが、その中での秩序で安定すれば、次は7次元を作り、その次は5次元、最後には3次元をというように、その泡の中にまた泡を作るという〈入れ子式〉で空間は作られてきました。

（偶数次元の）泡の膜は、これまで言われてきたシールドと同じ機能を果たしています。そのような膜があるからこそ、その宇宙の縮図として創られた人間も、個々の肉体において同じような構造をもっているのです。つまり皮膚は外側の膜であり、その内に各種臓器、細胞、核、素粒子というように、宇宙と同様の〈入れ子式〉の構造になっているということです。

また、意識の面においても神の模造として存在することになり、個々に発達した自我＝脳（それも入れ子構造として、霊体脳―幽体脳―肉体脳となっている）をもっているのが、現在の人間です。このように、意識の面からも、物質的な面からも、人間は神を模したミニチュアであり、そのような人類がいる地球は特別であるため、9次元でも7次元でも5次元でも、たくさんの泡が出来た中で、人間にちょうどよい今の3次元の泡が残っているというのが、〈人間原理〉と言われていることです。

空間的にも一つ上の奇数次元に接し、そこからのアドバイスを受けているというのは図8（283ページ参照）と同じ構造です。そのように相互対話的な学びの舞台として泡空間も創られていて、そのおかげで3次元の人類は、各次元の叡智を統合して、各次元の直日の鍵を解除していくこともできるというのは、これまでも語られていた通りです。

そのように、これまでの図はほとんど、〈意識の経路〉である〈直日〉を中心に描かれていましたが、今回の図3はその直日の論理はそのまま引き継いだ上で、現状における空間的構造

に沿った泡の描き方をしている〈空間図〉となっています』（2020年6月30日）

4 伊藤正男――〈あの世〉と〈この世〉をつなぐ脳

伊藤正男さん（1928～2018）は、小脳研究の世界的権威として知られる方で、私が最新の脳科学を調べている中で、最も興味深く参考になったのが、その小脳に関する研究でした。ごく最近、他界されていることを知って、早速〈あの世〉の伊藤さんにアクセスし、次のような〈天地の対話〉が始まりました。

▼神の叡智の造作としての脳

伊藤　『どうも、お仲間の一人であります、伊藤です。確かにこうして死んでしまってから出会う方が、電車での移動もなくて済みますし（笑）、はるかに効率的ですね。

さて、宇宙の創世というのは、最初の1秒と最後の1秒にすべてをかけているようなもののようです。あとのところは、時間さえかければ放っておいても無意識的に（ある意味自動的に）進むのですが、最初と最後の1秒はそれをとことん意識化した上でなければ、始まりもしないし、終わりもしないということのようなのです。

そのような背景の中で、私がこの最後の時期に日本に生まれたというのは、宿命というか使命といいますか、皆さんと同様に約束の上でということだったのだな、と思っています。今、終わりの1秒に向けて専門家を各地に散らばせて、あらゆる方向からの解明を急ピッチで仕上げようとしているようです。

私もその波の一つとして、地上で献身でき、またできる限りのことはやったとは言えそうです。それは、一つの研究に10年もかかる地味な歩みでしたので、華々しい業績とはいえませんが、探究への情熱や使命への忠実さを見失わずに、淡々と研究できた方ではないかなと思うのです。

私が研究対象にしていたホモサピエンスの脳とは、驚異的な学習システムを内蔵している、開発・発展型の考える〈直日〉です。しかもその伝達信号はシンプルで、それを複雑な回路によって学習可能な機能にまで仕上げられています。それは宇宙に偏在する意識の直日ネットワーク（151ページ）との相似性から言っても、まさに宇宙の意識の在り方をそのまま模造したものであるといえます。しかもそれが個人専用に与えられているのですから、そこに内在する卓越した叡智の結集に、私の研究意欲が途切れることはありませんでした。

ダ・ヴィンチさんはあまりお話にならず、私がこうしてどんどん言葉にしていくのは、皆さ

直日ネットワーク

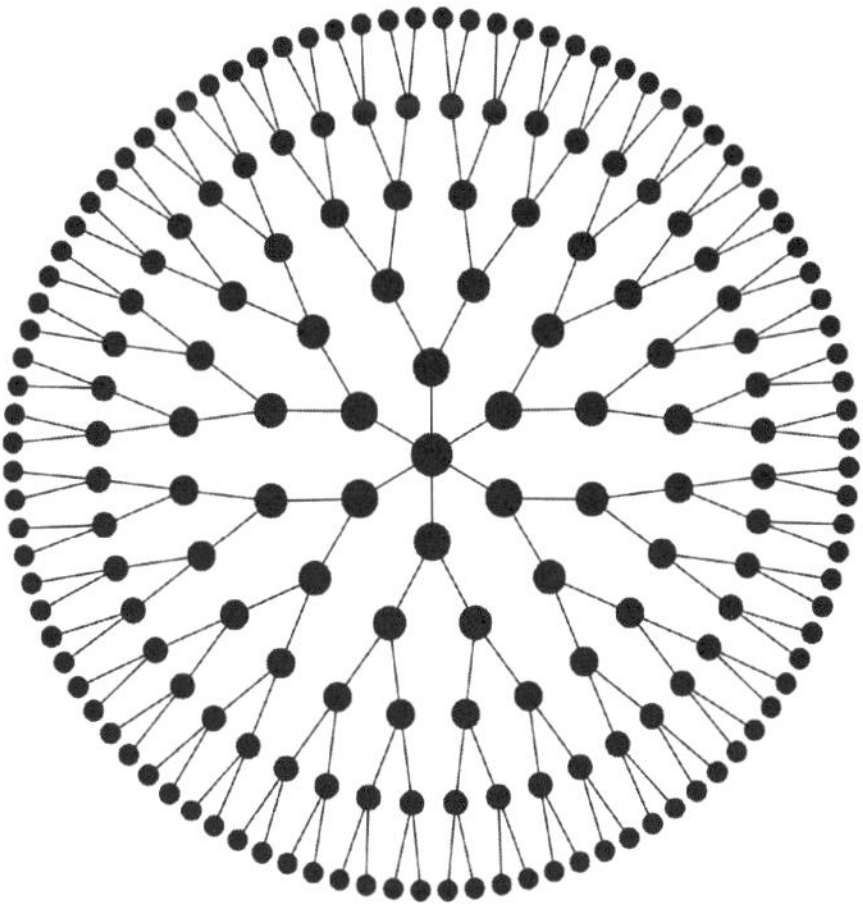

（2007年）

んと同じように私も脳があるからだといえます。私には今なお、霊体の脳が残っているので、言語化がたやすいのですが、ダ・ヴィンチさんのように〈個〉というよりも〈全〉に近い直日になるとほぼ無意識になりますから、何か具体的なことを詳細に語ってもらうというのは難しいようです。しかし鏡の話が出てきて、それが10と01という物質と反物質の対称性がそこから紐解かれる流れを作るには、必要だったのではないでしょうか。

私は今、現在の地球の天界にあたるところにいます。こちらの方が具体的なやりとりに都合がよく、一緒に解明していけますので、こちらを選びました。ちなみに脳の肉体・幽体・霊体の三層構造というのは確かにありまして、脳の具体的な部位によって第1～3層が分かれているわけではありません。

もちろん、確かに部位もその大まかな役割を担ってはいるのですが、3次元の肉体脳の機能というのは学習を統合していくことに優れていますので、情報処理の分担とその統合が全体的な連合の中でもなされているところがあり、パッキリとは区切りにくいところもあるのです。そうでなければ、複雑な感情・思考・記憶・運動能力・無意識的学習・そして肉体の維持に至るまで一気に処理することは不可能です。

ですから、脳というのは計り知れない神の叡智の造作だとしか思えませんでしたね。私はひとえに、私に向かって問いかけられているその謎が知りたくて、研究に没頭し続けていたように思います』(2019年12月3日)

▼意識によって機能している脳の働き

——いまだに脳科学においては、「脳が意識を生み出している」という考え方が中心となっていると思いますが、「意識によって脳が機能している」ということについては、そちらに戻ってからどのようにお考えでしょうか?

伊藤　『「意識によって脳が機能している」と、当然そう思っています。「脳が意識を生み出している」のだとしたら、肉体の脳をもっていない私は、もはや存在しないことになってしまいますからね。こうして話しているのは誰なんだ、ということになってきます。

多くの方は意識については暗に感じてはいるのですが、それを認めてしまうと、ではその意識とはどこから来るのか、何なのかを考えざるを得ない。そうするとまったく分からない上に、科学的基盤の外に出てしまうことになるので、研究者としては不都合なのです。そのため、そう思ったとしても触れないという方は案外いらっしゃるのではないでしょうか。私もそう思っていても触れられない、証明しようがない領域でした。

しかし物理学者と同じで、最先端の研究者ほど、もはや何らかの大いなる叡智や意識を想定しなければ、これだけの宇宙や脳の設計はできないだろうということは、感嘆と畏怖をもって実感しているのではないでしょうか。

また、同様に脳を肉体だけで捉える限り、脳の解明はどこまで進んだとしても、いずれ頭打ちになる時が来ることでしょう。脳というのは霊体と幽体も含めて考え合わせなければ、その機能の全体を紐解くことは難しいからです。それは物理学においても、物質だけでなく5次元のダークマターやダークエネルギーとが合わさって、この狭義の3次元と5次元の現象界が成り立っている、ということと同じことです』

――その霊体脳とは、どのような機能を担っているでしょうか？

伊藤 『第1層の霊体脳とは、ひたすら〈内と外の事実〉を見ている目、それを記録しているレコーダーです。

ドライブレコーダーはエンジンをかけると自動的に録画をし続けますが、それと同じく第1層の脳とは目の前で起こった事実をありのままに記録する機能があるということです。またその上で自分の第1～3層の内面はどうだったかということも、ありのままに見て、記録していきます。死後の〈人生回顧〉というのは、それに基づいて行われますし、私がこのように皆さんとお話しできるのも、霊体脳に記録された生前の記憶が残っているからです。

この世はただ体験するためではなく、〈その体験から学ぶため〉ですから、死後にその録画を見ながら振り返る時の格別さといったらありません。一度ならず何度でも味わえ、その段階ごとの気づきが深まっていく、ということもあるからです。

つまり、第1層とは内にも外にも開かれた目（＝レコーダー）だということです。ありのままを見るというのは、主観的に歪められた自分にとって都合のいい現実ではなく、神の目とも言える第1層の目で見ることです。しかもその第1層には、そのように内と外の客観的な事実をありのままに見たものが記録されてもいます』

――肉体としての脳においては、第3層の意識的な自我機能の中心は前頭前野、第2層の無意識的な自我機能の中心は小脳にあると、ほぼ考えていてもよろしいでしょうか？　そうなると、第1層の霊体脳に相当する部分は、肉体脳としてはほぼどの辺が中心になるとお考えでしょうか？

伊藤『はい、まず肉体としての脳においては、意識的な機能の中心は前頭前野、無意識的な機能の中心は小脳にあるといえます。それに対して、縦軸とつながる第1層や直日の部分は、大脳基底核が霊体脳とのつなぎ目としてその役割を担っています。

第3層と第2層は、今生限りの能力として発達・学習させていくために、肉体的部位の特定というのはしやすい面があります。しかし第1層や直日というのは、死んでもなお携えていく部分ですから、肉体脳にその機能が依拠しているわけではありません。その機能の多くを（意識の水面下にある）霊体脳が担っています。肉体脳として大脳基底核が担っているのは、その氷山の一角の5％程度で、そこが肉体・幽体・霊体の脳をつないでいる、ということです』

（２０１９年12月４日）

▼小脳…無意識的な自我機能

――小脳は無意識的機能を担っていて、特に運動についての無意識的学習のために働く役割は大きいと思いますが、心の機能においてもさまざまな感情や観念が自動的に働くことにも関係しているのではないでしょうか。その辺のメカニズムを説明してください。

伊藤 『小脳は、第2層の無意識的学習全般を担っています。樹状ネットワークのどの分岐をONにしOFFにするかを、繰り返しの感情体験によってそのルートを固定化していきます。それはヒモがブレーンにつくことと同義で、小脳でいうと無意識的処理のルートがパターン化（固定化）することになるのですが、それが無意識的観念と呼ばれるものです。

そのON・OFFにはプラスやマイナスの価値判断はなく、その時・その場に適応できるものを学習し、自動的に取り込んでいくシステムです。ですから、若くフレッシュな脳ほどそのルート（観念）は深く刻まれることになり、それに連動した感情もパターン化するようになります。

そのパターンはある意味、過去の繰り返しになるのですが、小脳というのは過去の経験を無意識的にストックできる機能であり、それは一つの学習機能としては非常に優れたものになっています。いったん無意識に入ったものは、意識的な修正がなされない限り続きます。しかも、そのようにできあがった無意識は、今や不要になったネガティブな観念ばかりとはいえず、プラスのものも多くあるといえます。

例えば、日常生活における習慣的自動回路は、それがあるおかげでその分を大脳皮質での思考や、その他の必要なものに意識を集中できるというメリットがあります。生前、将棋についての研究結果でも示していたように、（※将棋における直感のメカニズムを小脳との関連で解明していた）、いったん無意識にデータ入力されれば、いちいち同じことを最初から考える労力が省け、しかもそのデータや経験値を土台として、大局的・直観的なひらめきがわいてきます。前頭前野を含む大脳だけでは処理スピードが追い付かないことでも、小脳が背景で機能することで、飛躍的な学習成果がもたらされているのです。

昨今の先鋭的な科学者やスポーツマンを例にとれば、もともと持っている個人的資質に加えて、先人が蓄積してくれた学びを、言葉や計算式や動画などによってデータとして効率よく小脳にインプットしていくことができます。そのため、そのような蓄積を土台とした上で、ひらめきや能力の飛躍的向上が見られる、ということも可能になります。

このように人類の総体的な学びを小脳は効率よく取り込んでいけるということは、人間が作り出した集合的観念も同様に無意識に取り込んでいるということでもあります。

こうして小脳はさまざまなことを柔軟に学んでインプットしていくことによって、意識的な機能をする大脳を影で支える女房役を果たしています。そして、それがよい方向で発揮されるならば、意識の飛躍的な発展にも大いに関わっているといえます。このように全体的な脳の機能を見ていけば、人類の脳の優れた前頭前野の統合性の背景には、小脳のバックアップは非常に大きいといえるのです。

ちなみに、小脳にため込まれたすでに不要になった無意識的観念については、意識的に時間をかければ修正も可能ですが、それは若いうちほど早く、年を経るほどにより困難になるとは言えそうです。しかし、いったん不要となったネガティブな観念が浄化されれば、その後はそのぶん小脳のポジティブな側面が生かされることにもなります』（2019年12月4日）

――個人的観念の話についてですが、〈自己肯定・他者否定〉など、自分と他者に対する基本的構え（注16）も、小脳の初期体験によって形成されるように思いますが、その辺のメカニズムについても具体的にご説明願います。

伊藤　『小脳というのは無意識をつかさどる部位ですが、繰り返しの体験によって小脳に回路が出来れば、その模像（模型としての内部モデル）をイメージとして作る働きをします。例えば運動選手が繰り返し叩き込んだ動きというのは、小脳の中にイメージとしてできあがり、それが鮮明であるほど実際の成功率も上がる、ということになります。

個人的観念もこれと同じで、養育者をモデルとしてそのやりとりからの学習や適応していくための体験を積み重ねることによって、自己と他者への無意識的な模像が小脳の中にできたものが、〈自分と他者に対する基本的構え〉です。

そのような像は、無意識の中のイメージとしてできているため、前頭前野で意識的に修正しない限りは、その後の人生においても修正されないまま自動的に働いていきます。リセットが必要になったのは、自分を絶対視するような〈自己肯定・他者否定〉の構えをもつ方が多くなり、なおかつそれを修正するために必要な前頭前野の発達も停滞しているという状況が重なって、今後も改善されるという希望が見えなくなったためでもありました。

現代の子供たちの多くは、生育過程でさまざま不健全な環境におかれたために、無意識的な自己像がネガティブになり、その防衛として〈自己肯定・他者否定〉にもなって、それを修正する前頭前野の発達も停止している、という状況になっているのです』

──私たちが〈魂の対話〉（＝「自分のありのままを見て─受け入れて─学ぶ」ための対話）の中で、意識化しようとしてきた〈見たくない自分〉というのは、どこに押し込められているのでしょうか？　小脳でしょうか、それとも幽体脳でしょうか？　小脳に蓄積されるものと、幽体の脳に蓄積されるものの違いをご説明下さい。

伊藤　『小脳にはポジティブなもの、ネガティブなものの両方が収納されていきます。その中でも小脳の肉体的部位には、運動や思考を無意識的な機能で助ける働きがあり、幽体の脳には個人的無意識と呼ばれるような抑圧されている〈見たくない自分〉の模像が作られ、その情報が蓄積されていきます。

これは地上生活に必要な具体的な働きは肉体的な小脳に、脳の中から追いやられて抑圧されたまま〈あの世〉に引き継いでいくものは、小脳の霊的な機能である幽体に蓄積されていくということです。それは、死後に霊的生活を始めるにあたり、まずはアストラル界（幽界）で幽体の浄化のプロセスによって向き合うために、必要なところに必要な情報が、効率的に収納されているといえます。

ちなみに、幽体の脳というのは、分かりやすくした比喩表現であり、正確には〈幽体の記憶〉と言った方がよいといえます。脳のように思考したり、新たに体験したりする機能があるというより、幽体というのは、その時に整理しなかったものが一時的にため込まれた押し入れのようなものだからです』（２０１９年12月18日）

▼脳から観念を通して投射される現実

──ホーキングさんの説明では、『〈この世〉というのは、脳の外側に映し出されているホログラム（幻）の世界です。脳の中に2次元のブレーンがあり、そこにヒモがつくことによって〈見えるもの〉となり、〈見えないもの〉は閉じたヒモでブレーンにはついていません』ということで、ブレーンは外界にあるのではなく脳の中にあって、そこにヒモが付くことによってホログラムとして投射されている、ということですが、その辺の脳の具体的メカニズムを説明していただけますでしょうか？

伊藤　『脳は、肉体（第3層）、幽体（第2層）、霊体（第1層）という三層構造であり、その三層は大まかに大脳（前頭前野）、小脳、大脳基底核と連動しているとしても、霊体の脳はあの世にも携えていくために肉体的部位との連動は希薄であるということでした。では、脳の中の2次元のブレーンはどこにあるかといえば、それは肉体の脳にあります。

象徴的な意味でも、肉体というのは、外的世界における可視化できるブレーンといえますが、内的構造の意味でも肉体的な脳自体がブレーンの機能を果たしているということです。

そのブレーンにヒモがついていくということは、脳のネットワークができていき、あらゆるデータが書き込まれることとイコールです。複数の伝達物質によってその回路のでき方は違い、また不要な回路は閉じていくということを繰り返して、各人に独自のネットワークができていきます。それは脳のブレーンにヒモがついていく、ということと同義です』

――また、『脳は集合的観念を取り込んでいますので、時空間をはじめ、この3次元の物質的世界を形成しているものは確固としてあるように感じますが、実情は脳から観念を通して投射されたホログラムがこの現実です』ということについても、脳の側からの説明をお願いします。

伊藤　『脳は外界を認知する機能だと一般的には思われています。それは外的世界の物質界が、絶対不変のものとして確固として存在し、それを視覚や聴覚等の感覚器官で感受し、脳でその情報を処理して、この物質界に適応しているという前提があるためです。それはそれで、外的世界に投射された〈この世〉を、物質的に感知する肉体脳の機能としては、ある意味正しい回答です。

しかし、それは2ステップ目の物質的側面に限定した脳の働きであり、そもそもこの物質世界はどう構築され、意識はどこから来ているのかを考え、その結論としての〈この世〉と〈あの世〉をつなぐものが脳である、という真理の側面から説明するならば、意識によって「脳から観念を通して投射されたものがこの現実だ」ということになります。

脳は成長に従って、その環境や養育者による対応の一つずつを刺激とし、それに適応したネットワークをつくっていきます。特に観念というのは、言葉を通して親から子にどんどん伝えられていき、なおかつ無意識的にもモデル学習しますので、家庭やコミュニティの中で、また学校教育によっても個人的・集合的観念が形成されていきます。

その観念というのは、外的世界を見る時のフィルターになりますので、個人に直接入って来た意識は、そのフィルターを通して外的世界を映し出すことになります。

例をあげれば、同じホモサピエンスの脳でも、生まれたての赤ちゃんから見える世界は、いろいろなものがぼんやりとかすんでみえています。それは視力がまだ立ち上がっていないからではなく、物質世界に対する観念がまだできていないからです。その時、彼らはまだ〈あの世〉にいるといえます。〈この世〉での体験を通して、つまり親を認識したり、いろいろなものに触れたりしていくことによって、意識が〈この世〉に向き、〈この世〉を見るための観念を爆発的に取り込んで学習していくのです。そうなった段階で、ようやく外的世界が、取り込んだ観念を通して見えるようになります。

もう一つ例をあげると、まったく違う集合的観念をもつ宇宙人を、地球に連れてきたとしましょう。その場合、彼らの脳が映し出す地球は、私たちが見ているものとまったく違った見え方をすることになります。青い地球ではなく虹色に見えるかもしれませんし、すべてがオーラで見えていたり、幽界と地上界が混在しているように見えていたりもするのです。このように、今見えている物質的世界が絶対的なものではなく、違う脳で見ればまったく違うように見え、3次元の観念を通して見るからそう見えるにすぎない、ということです。

もちろん人間の集合意識に時間的観念も入っていますので、物質の固定化度合いもそれによって生じています。しかし肉体というシールドをたった一枚脱いで、肉体の脳ではなく霊体脳になれば、同じこの物質界もまったく違って見えてきます。多くは光の強さや色味の違いとしてものの違いを直観的に把握していますが、それは霊視によって見える世界そのものです』

（2019年12月8日）

▼〈この世〉と〈あの世〉をつなぐ脳

――「この世（横軸）とあの世（縦軸）をつないでいるのが脳だ」ということについても、わかりやすく説明していただけたら幸いです。

伊藤　『さすが、噂に聞いていた質問攻めは光栄ですが（笑）、実はわかりやすく説明するということは、ズバッと真理に的が当たっている必要があり、案外難しいことなのです。特に私たち霊体の脳というのは、地上時代のように統合性の面では劣りますので、その点はご容赦いただいた上で、私たちもなるべく鋭意努力したいと思います。

ではまずは、脳の進化に関する話から論を展開してみましょう。アメーバなどの単細胞生物は、生存に関わる単機能に特化していて、彼らの世界は広くて半径1メートル、それ以外は認識できていません。そこから魚類⇓両生類⇓類人猿⇓ホモサピエンスと、脳はその生態にとって必要なように進化を遂げています。

脳の進化のたびに認知世界と行動範囲は広がり、白黒からカラーに変わり、仲間とコミュニケーションする能力を得て、その他にも必要な能力をさまざまに伸ばし、不要な能力はそぎ落とす、という進化の系譜がありました。

結局、この現象世界というのは〈どのような機能をもつ脳で認識するか〉によって、まったく違ったものに見えています。つまり確固とした物質世界があるということではなく、その脳によってどう見えるかが違ってくるのです。そして、今のホモサピエンスの脳がさらに進化をしたならば、また違った宇宙の認識があるともいえ、もっと広くもなるし、もっと霊的にもなりえます。

そのような背景の中、今、〈人間原理〉で作られたこの宇宙泡は、〈今の人類の脳〉でもって、最後の1秒に集約された叡智をどこまで解明し、この物語を終わらせられるかというチャレンジをしています。その脳のチャレンジ設定として重要なキーワードになっているのが、〝言葉、時間、個、集合意識、そして前頭前野〟です。

真実としては〈今〉しかない一瞬のものが、言葉を獲得したことによって時間の認識もでき、記憶が時系列によって脳内で整理され、情報の蓄積も可能になりました。集合意識もでき、バラバラに見ていたこの地上の夢を、共通の舞台とすることもできました。個々が違うことを考え、それをまた共有することによって、探究するための分担も可能になりました。情報収集や情報蓄積効果は、人口が増えるほどに能率が上がり、そして最終的には前頭前野でその膨大な情報を整理・統合していく。そのようなことまでできるようになったのが、人間の肉体脳の優れた機能であるといえます。

その一方で、脳は〈あの世〉にもつながることができます。それは霊体脳（第1層）に入ってくる情報に対して、意識を適切に向けさえすれば感知することができ、〈あの世の私〉との交感もできる仕組みになっているということです。霊媒の方々はその特性として、第1層に入ってくる情報を右脳で処理すればヴィジョンに、左脳で処理すれば言葉へと変換する機能を有していますが、そのような専門能力がなくても、誰でも自分の霊体脳にアクセスできるように、基本的には設定されているのです。

このように脳は〈この世〉と〈あの世〉からの情報を、意識的・無意識的な回路をうまく使ってどちらからも効率よく取り入れられる上、その両者を合わせて統合することもできるというのが、最大の特徴だといえます。

そして〈この世〉と〈あの世〉を〝つないでいる〟という観点からすれば、人間の脳だけがその両者をつなぐことができる媒介ツールなのです。本来ならば、同時に存在することが不可能な〈あの世〉と〈この世〉、内的世界と外的世界という両極の現象界の、どちらにもアクセスする（意識を向ける）ことができます。具体的には、〈あの世〉から伝達されてくるものを無意識的に受け取って、それを〈この世〉に映し出す上映器具として機能し、〈この世〉でしか体験できない学びを、叡智として〈あの世〉に持ち帰る機能さえも有しています。それは脳が、肉体・幽体・霊体という三層にわたって、情報を整理・収納する器具として機能しているからなのです。

このような脳であるからこそ、この現象界でさまざまな体験をし、それを存分に味わい、学ぶことによって、自らを知ることを可能ならしめているといえるのです』（２０１９年12月４日）

▼第2〜3層だけで生きている人のホログラム

――ここまでの説明の中で、『〈あの世〉から伝達されてくるものを無意識的に受け取り、それを〈この世〉に映し出す上映器具として』とありますが、それは〈直日〉によって〈あの世〉と〈この世〉がつながっている人についてはよく分かるのですが、そうでない人にとってはどうなのでしょうか？　それでも、〈あの世〉からのボールを無意識で受け取って、それが〈この世〉に投射されて生きているのか、ということが疑問だったのですが。霊体脳とはつながらずに、肉体脳メインで生きている人にとっては、どのように現実界がホログラム化されているのかについて、ご説明いただければと思います。

伊藤　『ここは難しいところでもあるので、共に解明していきましょう。それは、この点がまさに地球の特殊性とも言えるところで、一つのシンプルな理論ではすまないような複雑さを兼ね備えているからです。先日の〈この世〉と〈あの世〉をつないでいるという観点からの説明は、〈4次元の直日〉でシンプルに縦軸と横軸がつながっている場合の説明でした。その場合、〈自我＝直日〉として、意識の流れを一本化できました。

では、第3層（＝肉体脳）を中心に生きている方にとってはどうかということが、今回の論点です。そこは皆さんで一度話し合っていただけますでしょうか。その上で、私の方でまとめてみたいと思います』

【サラ・チームでの討議後】

伊藤　『話し合っていただき、ありがとうございました。皆さんが到達された結論のように、〈第3層の直日〉から入ってくる意識というのは、個々に意識を向けているので、その意識範囲が第2～3層だけにとどまっている人にとっては、その第2～3層の観念を通して現実はホログラム化されているといえます。

そもそも、生まれたての時は第1層の霊的自我で生きていますが、成長するに従い観念を取り込みながら、意識の中心点は第3層の意識的自我に移っていきます。それなりに自ら考え、選択するようになるためです。

しかしそのプロセスと同時に、第1層に意識を向けることはなくなり、または第2層の感情や観念にそぐわないために第1層の切り離しがなされ、第2～3層だけで生きる人が現在ではほとんどです。そのような方々は、第2～3層の観念や感情を通して外界を歪めて認識していて、〈あの世〉から伝達されてくるものを、そのまま無意識的に受け取ることはほとんどできません。

ただし、〈4次元の直日〉を通して〈あの世〉とつながっている場合は、目の前に立ち現れるのは〈あの世の私〉から送られてくる刷新された〈今〉の現実であり、〈この世の私〉もそれに素直に反応していくことによって、〈あの世〉と〈この世〉の合作としての現実が、ホログラムとして展開されていくようになります。

ところが第2〜3層だけの自我の場合、自分の観念や感情によって歪められた現実を、無意識ながら勝手に作っていきます。それは、〈あの世〉がホログラム化した地球の基本設定（＝自然環境）の上に、人間が次々と人工物を上塗りしている状況とも似ています。鉄とコンクリートによって作った高層ビルも、すでにあった素材を加工して作ったものですので、神が創った自然というより人間自身が生み出したヒモの造形といえます。それと同様に、アストラル界というのも、実は人間が第2層にため込んだ感情や観念によって作り出した、集合的無意識の世界なのです。

そうなると、地上的観念はますます強化され、その観念の中のループによって現実が形を変えてリピート再生される、という状況になります。つまり、〈あの世〉とつながった刷新された〈今〉ではなく、固着化したヒモでできた古いパターンのホログラムが、形を変えて繰り返し現実として再現され、結局はそのループから抜けられなくなるということです。

それは、乗り越えるべき課題から逃げようとしても、ますます大きな課題がやってくるという、〈因果応報の法則〉にもつながることですが、それでも人類は力ずくで思い通りにしようとし、アストラル界と結託することで、そのパワーも得ようとしています。

このように、第2～3層だけで生きている場合は、なかなかその観念から抜けられないという性質はあるにせよ、ホモサピエンスの脳は、神と同じように個々に意識を発することが可能になり、なおかつ言葉を使えるようにもなったので、神と同じように〈この世〉の造作ができるようになりました。言葉によって観念を作ることができるというのは、ホログラムの設計自体に関与できる、ということなのです。

他の動物やこれまでの未開人の脳であっても、何らかの意識を発してはいますが、それは〈大元の神〉とつながった中での意識であり、言葉も使えないために、自己都合でホログラムの構成自体を勝手に編集することはできませんでした。その場合は、あくまでも基本設定は受け入れていく姿勢が土台になっていたのです。

それに対して、自らもホログラムの設計ができる脳を持ちえた人類は、神の方へ向かえば、〈あの世〉と〈この世〉の合作としてのホログラムによって、より美しい世界が立ち現れますが、身勝手な方に進む場合は余計な上塗りばかりが多くなり、観念は渋滞し、過去のループの中で新しい〈今〉が入り込む余地がなくなります。人間が第2～3層の観念によって勝手に作るホログラムというのは、このような性質をもっているのです』（2019年12月9日）

――第2～3層だけで生きている人の脳と第1層にまで意識を伸ばした人の脳は、どのような違いがあるのかを、簡単にまとめていただけますでしょうか？

伊藤 『第2～3層だけで生きている人の脳は、その使い方にも個別の傾向があるものですが、大きく分けた時の代表的な3事例を紹介したいと思います。

❶自分の観念や社会規範など、基準となる枠組みがある中での思考になるため、同じことを無意識的に繰り返すことが多くなる傾向があります。脳の中でもよく使うネットワークが限定されていき、固定化する傾向があるということです。

❷根本的な真理を押さえずに表層的な思考に走りやすく、そうなるとどこかで理論破綻をするものなのですが、それを曖昧にしておかなければ行き詰ってしまうため、どうしても第2層にその霧がたまっていくことになります。この時の脳は、大脳で無理やりつじつまを合わせ、小脳や霊体脳に都合が悪いことを押し込んでいるような状況です。

❸第3層が長けている場合は、思い通りになることも多く、パワーを持っていると錯覚しやすいため、傲慢になる傾向があります。その場合、小脳にはポジティブな自己像が描かれ、大脳で自他のコントロールをし、その快感を得ていきます。そのような人ほど優秀で、社会的に

は勝ち残れるため、さらに第3層は強化され、物質的なものへの執着も強まっていきやすいといえます。

それに対して、第1層にまで意識を伸ばした人の脳機能は、前頭前野をさらに発達させていく傾向があります。第1層と第2～3層という、土俵やベクトルさえも違うことを考え合わせて、それを統合していくためには、前頭前野を駆使する方法しかないからです。そうなると、第2～3層の観念も、意識的に修正しやすくなります。第1層を意識しているということは、〈この世〉の第2～3層の観念に流されて無意識的に生きていないということですので、それに伴って意識的な選択がなされるために、自然と第1～3層はバランスよく機能するようになります』

（2019年12月12日）

▼言葉をあてる

――何となく感じている程度のときの脳の状態と、言葉がしっかりと与えられて、それを意識化している脳の状態とは違うのではないだろうか。それを伊藤さんにお聞きしてみてください。

伊藤　『〈何となく感じている時〉というのは、無意識的な中でのかすかなものから、意識的自我でも何とかとらえられる範囲と、かなりのグラデーションがあります。それらは小脳での感知であったり、大脳新皮質での知覚であったりするのですが、いずれも脳の中の一部に保留してある状態で、それに向き合って対峙するためには、それに対して〈言葉〉があてられなければ、明晰に把握することはできません。

なぜなら言葉が与えられていない〈何となく〉の状態というのは、素粒子のように〈それ〉は神出鬼没で、あちらにあったり、こちらにあったりと、捉えがたい状況と似ているからです。それはまた〈あの世〉のアカシック・フィールドの中の情報とも似ています。そこに漫然とあるものの、言葉によって焦点がビシッとあてられない限りは、何となくあったとしても何もないのと同じ状態である、といえるからです。

〈言葉をあてる〉ということは、宇宙の中（＝脳の中）に偏在している膨大な無意識に、自我の意識的な光をあてることとイコールです。無意識的な感知や無意識的な体の動きなどにゆだねることが必要な時が、特に芸術的活動などでは多いかもしれませんが、自分の〈影＝心の闇〉は無意識的なものですから、それに対しては言葉で意識化しない限り、それが晴れることはありません。つまり、脳の前頭前野ですべての状況を考え合わせた上で言語化しなければ、明晰な意識化もすでにある観念の変更もできない、ということです。

人間は、宇宙に関しても前頭前野の〈言葉による統合力〉で、情報をつなげて考えることができますが、それと同様に自分自身の無意識に対しても、言葉によって再編集ができるようになっています。

言葉は、現象界の創世にも不可欠な要素でした。〈音〉だけでなく、現象界では〈言葉〉になったからこそ、ヒモをブレーンにつけることができ、観念を創ることができたのです。言葉ができてはじめて、〈時間・空間・私〉も認識できるようになりました。音だけの時は、それらを選り分けることができず、すべてが一瞬、すべてが神（＝私）だったということです。ですから、〝はじめに言葉ありき〟というのは、まさにこの現象界の創世の神髄であったといえるのです。

しかしその言葉は、人間の脳が発達することによって、勝手気ままに神と離れたシナリオをも創り出すこともできるようになりました。個人が言葉をもったからこそ、神と離れられたとも言えるのですが、それをいいことに、都合よく言いつくろい、編集し、真実すらもうやむやにする力が、言葉には秘められているということです。

まさに諸刃の剣で、そのような言葉をどのように使ってコミュニケーションを取り、集合意識を形成していくかが、地球ゲームの大いなる見どころだったのです。しかし、残念ながら今や言葉は、〈虚飾〉のための道具として、使い捨てられるようになりました。

本当の言葉、すなわち大元の神と一致した言葉によってしか、〈新生する世界〉は開けない

ことでしょう』（2020年3月8日）

▼〈あの世＝霊体脳〉と〈この世＝肉体脳〉

【討議のまとめ】

「〈あの世〉も〈この世〉も、結局は脳が作り出している（広義の）現象界なのだ、ということで考えるならば、〈この世〉は第3層の肉体脳が、〈あの世〉は第1層の霊体脳が担当している、ということなのではないだろうか？　そして、その二つがすぐに重ならないように、間に入って両者を隔てているのが第2層の幽体脳なのではないだろうか」

伊藤　『〈あの世〉も〈この世〉も広義の現象界として、脳が作り出している幻影です。その幻影としてのホログラムが成り立つためには、〈あの世〉と〈この世〉の両方が必要でした。そして脳の機能にはそれぞれ担当があり、〈あの世〉は霊体脳でしか感知できず、〈この世〉は肉体脳でしか感知できません。つまり、霊体脳は〈あの世〉に対して開かれたレセプター（受容体）であり、肉体脳は〈この世〉に対して開かれたレセプターなのです。

その霊体脳と肉体脳は、鏡のように反転している性質があるために、それらは分かれることができました。なおかつ、本来であれば2つに分かれた反粒子と粒子は、すぐに出会って〈対消滅〉してしまうところを、その両者の間に幽体脳という、どちらにも属さない無意識的な層が入ることによって、時間や空間のある〈この世〉をホログラムとして映し出すことが可能になりました。

そして、自我が未成熟であったり、霊媒体質であったりして、幽体脳や霊体脳とのつながりが強い場合は、〈この世〉との関わりが希薄になって、現実認識が甘くなる傾向がありますが、肉体脳のみを発達させた場合は、幽体脳に抑圧した感情や観念を見ることもなく、霊体脳＝魂とのつながりも失って、〈この世〉を表層的にただ走り回ることになります』（２０２０年11月19日）

▼心の発達とシュタイナー教育

――伊藤正男さんの説明によると、心の発達という面では、第1層の霊的自我から第3層の意識的自我へとネットワークを広げていくという感じでしたが、その辺の変化を、本来のシュタイナー教育の目的と共にシュタイナーさんに説明していただけないでしょうか。（※ルドルフ・シュタイナー：オーストリア出身の神秘思想家、哲学者、教育者。日本でもシュタイナー教育が導入されている）

シュタイナー 『このようにバトンを受け取るのは、なかなかいいものですね。それぞれの専門分野においての説明が、地上を介して有機的につながっていくというのはうれしいものです。

さて、地上に生まれるというのは、霊が肉体に受肉するというのが、はじめに起こることです。それによってまったく未開の混沌とした状態から、霊体の脳や体が肉体の脳や身体に浸透していくというプロセスが、第1・7年期です。この時期は、地上からのさまざまな外的刺激や肉体感覚に対する感受性を、好奇心を原動力にして養っていきます。霊的世界にまどろんでいた意識から地上世界に着地して、〈この世〉で生きる基盤を育む時期である、ということです。〈この世〉で自分が受け入れられていることを繰り返し確かめることによって、安定した情緒を得て、次の段階に進むことができるようになります。

その後の第2・7年期には、感情的な豊かさが爆発的に花開いていきます。感情は個人に由来するものですので、〈私（＝自我）〉という感覚を育てていき、それと連動して他者の感情もあるということを認識して、お互いの折り合いをつけることを体験を通して学び、成長していきます。

そして第3・7年期になると、よりクリアな思考で自分の意見をまとめることが可能になります。気分や情緒に流されるだけでなく、感情を大切にした上で、頭で考えてそれを行動に移し、その結果に対しても責任を取るという、総合的なバランス感覚を鍛えていく時期だということです。その結果として、本当の自由を獲得できるというのは、自分の魂や心に正直でありながら、いかに行動するかをその時・その場の状況に応じて柔軟に判断することができ、その結果に対しても責任を取ることができる、ということに基づいています。

これらの7年期の区切りは、第1⇓第2⇓第3の境い目がパッキリ分かれてはおらず、1が終わったから2に移行するという形ではありません。第1・7年期を土台として、その上に第2・7年期が養分となっていき、さらにそれらを重ねながらも統合していくように第3・7年期があります。

皆さんの言葉でいえば、第1層⇓第2層⇓第3層へと意識の中心を移動しながらも、どの層も切り捨てずに、第1～3層のバランスの取れた豊かな自我（＝私）を育てていくというのが、シュタイナー教育の目的です』（２０１９年12月11日）

ここまでの脳に関する対話の総まとめとして、「図４　私とは…脳との関連において」とその解説を次に記載します。

【図4】私とは…脳との関連において

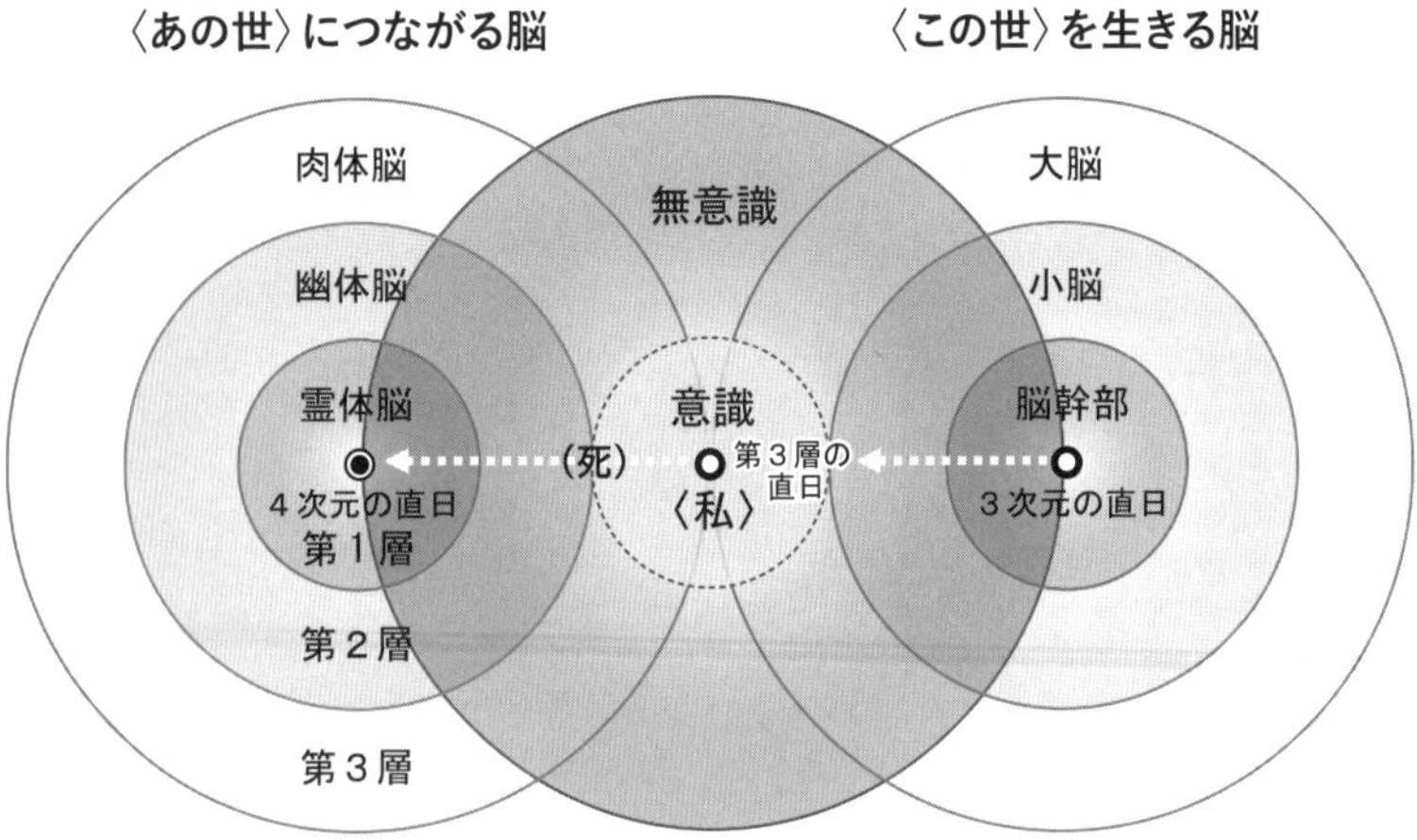

私＝意識している範囲

(2021年2月16日 No.13)

図4　私とは…脳との関連において　解説

❶〈この世を生きる脳〉と〈あの世につながる脳〉

『この図4は、脳と意識の関係から〈私とは〉を紐解いた図です。

脳は大きく分けると三層構造をしていて、〈この世を生きる脳〉は、思考・判断・意思決定をする〈大脳〉、運動や無意識的学習全般を担う〈小脳〉、体の生命維持全般を司る〈脳幹部〉から成り立っています。

一方、〈あの世につながる脳〉は、この〈肉体脳〉に加えて、無意識的な感情や観念がしまい込まれている〈幽体脳〉、これまでの輪廻の叡智や今生のありのままの事実が記録されている〈霊体脳〉の三層で成り立っています。

〈幽体脳〉にため込まれたものは、死後アストラル界（幽界）で浄化しますし、〈霊体脳〉は精神界以上にも携えていく個人のアカシック・レコード（記録庫）であるといえます。そのように、幽体脳と霊体脳は、死後になって浄化・活用するのが一般的ですが、今生を生きている〈私〉が、その幽体脳と霊体脳に〈この世〉にいながらにして意識を向けて、自覚的に〈あの世〉とつながることもできます。

脳幹や小脳が優位な動物の場合、〈個別の生存本能〉は自然法則の中で働き、〈大元の神〉とも無意識的に一体化しながら生きていますが、人類は大脳が発達し、〈個別の自我（＝私）〉をもったために、〈大元の神〉からは切り離された状態になりました。しかし、左側に示したように、〈あの世につながる脳〉において意識できる範囲を広げていくならば、〈死後でなくても〉〈この世〉に居ながらにして〈あの世〉にもつながることが可能になります。

なお、〈この世を生きる脳〉と〈あの世につながる脳〉の三層構造はほぼ相関性があり、肉体脳は大脳に、幽体脳は小脳に関連しています。ただし、霊体脳は脳幹部というよりは、大脳基底核とつながりがあるといえます。（注17）

そのような脳の構造との関連において、「私とは何か」をこれから説明していきたいと思います。

❷〈肉体脳〉における〈自我＝私〉の発達

まず、人は生まれた時には脳の構造としてはほぼできあがっていますが、そのネットワークをいかに広げていくかは、それぞれの成育過程によって千差万別です。〈この世で生きる脳〉を発達させていくプロセスが、右円の肉体脳における第1層の〈3次元の直日〉から〈第3層の直日〉へと向かう矢印です。

直日とは〈大元の神〉から入ってくる意識の経路で、生まれた時は脳幹部の中心の第1層の直日から、その意識は無意識的に入ってきます。脳が意識を生み出しているのではなく、意識が直日を通って入ってくることによって、脳が機能できるのです。脳幹部→小脳→大脳への矢印は、脳機能の発達とネットワーク化により、本能的自我→感情的自我→社会的自我としての機能をもつ〈私〉として成長し、脳のネットワークができていくことを示しています。

その〈私〉がどれほど成熟しているかはともかくとして、〈私〉という意識が芽生える2～3歳ごろにはすでに、第3層の直日から入ってくる意識によって、〈私〉をはじめ〈外的世界〉や〈内的世界〉を認識していきます。

❸私＝意識している範囲

〈私〉というのは、その〈第3層の直日〉から入ってくる意識によって、その時々に〈意識している範囲〉であり、一般的な現代人は、肉体脳のみで意識し考えている人が多く、その場合は中央円の内円の範囲を〈私〉と認識しているといえます。

その意識している範囲を、より外円の無意識層にまで広げていくには、〈私〉から〈あの世につながる脳〉の中心である〈4次元の直日〉に向かう必要があります。それは自分の心という内的世界を意識化していくということです。

具体的には、（心の無意識層である）〈幽体脳〉にため込まれている抑圧された感情や無意識的観念を〈ありのままに見て、受け入れて、学ぶ〉という形で意識化することが必要で、そうするとその学びを霊体脳に（智慧として）書き込むことができます。その霊体脳は、一般的には〈魂〉とも呼ばれていますが、そこに意識を向ければ、今生の課題や使命、〈魂の願い〉なども汲み取ることができます。（※魂とは、肉体に宿った霊のことを言う）

そのように、〈私が意識する範囲〉を〈あの世につながる脳〉の方に広げて、肉体脳↓幽体脳↓霊体脳にまで意識を拡大することができるならば、そこまでが〈私〉となります。そのように生きたまま〈4次元の直日〉（＝解脱ポイント）にまで意識が到達した状態が、仏教では〈即身成仏〉と言われていたのです。

❹ 発達した脳をもつ人類の特性

このように、私たちホモサピエンスの脳というのは、〈私〉として意識できる範囲を広げていくことによって、〈この世〉だけでなく〈あの世〉ともつながった脳にまで発展させることができます。人間は〈この世〉への輪廻転生を繰り返しながら、生前であろうと死後であろうと〈4次元の直日〉にまで意識が到達したならば、〈解脱〉することが可能で、それこそがこの地球でのまずもっての目標であったといえます。

そしてその解脱ポイントの〈4次元の直日〉にまで意識が到達すれば、そこから5次元→7次元→9次元へと〈あの世〉の次元を段階的に伸ばしていくことも可能になります。そのように〈私〉が意識できる範囲を広げていくことによって、「私とは何か」、さらには「宇宙とは」、「意識とは」、「神とは」という謎までも、その脳によって解明していくことができます。そのような可能性を秘めているのが、発達した脳をもつホモサピエンスの特性であり、その脳によって神が創ったこの世界を解明していくことが、私たち人類の最終使命であるともいえるのです。

そのように、最終的に〈大元の神〉にまで意識が達した上で、「私とは何か」ということを大きな視点で捉えるならば、次のようになります。

❺ 神の分身としての〈私〉

〈この世〉というのは、「自分とは何か」を知らない〈無知の知の神〉が、自分を知るために作った体験の場であり、私たち一人ひとりはその神の分身です。しかしそれは、霊体脳とつながっていて初めて分かることであり、〈この世〉を生きる脳が肉体脳優位となれば、それを次第に忘れてしまいます。そうなると、〈私〉が意識できる範囲はますます肉体脳が意識できる範囲のみになって、神とは完全に離れた感覚にもなることでしょう。

しかし〈私〉の認識する範囲を無意識層にまで広げて、神の分身だと直観できる霊体脳とつながれば、〈この世を生きる脳〉と〈あの世とつながる脳〉の両方を最大限に生かしながら生きることができます。

そのような全体を見る目で真実を見ていくと、〈この世〉も〈あの世〉も、実は神から入ってくる意識によって脳が見ている夢（ホログラム）であるということも、最終的に分かってきます。なぜなら、〈この世を生きる脳〉は時間経過の中で物事を把握し、この物質世界は恒常的にあると認識しますが、それは集合的観念によってそのように見えて体験しているだけであり、〈あの世とつながる脳〉の霊体脳で真実を見るならば、「意識すればそれはあり、意識しなければそれはない」ということになるからです。

それは仏教では〈色即是空　空即是色〉として、また量子力学では〈量子の不確定性原理〉として語られている真理です。神から入って来た意識をどこに向け、どう意識するかしないかを決定しているのが脳であり、その時々でその脳が意識できる範囲を〈私〉だと認識しているということです。ではその〈私〉も意識した時にだけあるのかというと、究極的にいえばそれ

が真実なのです』（2021年2月25日）

（注16）自分と他者に対する基本的な構え

先天的条件付けや親子のふれあいなどによって、子どもの自他に対する基本的・感情的な態度が基本的構えとして形成され、それがその後の人間関係や行動パターンに強く影響する。

4つの構えとして、①自他肯定、②自己否定・他者肯定、③自己肯定・他者否定、④自他否定がある。

（注17）「脳幹部と大脳基底核の違いについて教えてください」

伊藤　『〈この世を生きる脳〉の第1層は脳幹部、〈あの世につながる脳〉の第1層は（それは霊体ですが、肉体との連結部でいうならば）大脳基底核であるといえます。

脳幹部は、〈3次元の直日〉から無意識的に意識が入ってきて、無意識的に体を動かす機能があります。それはまさに肉体に依拠している第1層だといえます。

それに対し、大脳基底核は、自我から意識的に霊体脳に意識を向ける時の、〈4次元の直日〉につながる第1層であるといえますが、本来その第1層は霊体脳ですので肉体には依拠していません。ですから、大脳基底核は霊体との〈つなぎ目〉として5％ほどの働きをしているということです。

〈4次元の直日〉へのルートは、〈即身成仏〉ができる（＝あの世に自覚的につながることができる）ホモサピエンスの脳に特有のルートで、そのため（その他の動物などにもある脳幹が第1層ということではなく）大脳の最深部にある大脳基底核が、その〈4次元の直日〉に至るための第1層であるというのは、理にかなっているのではないでしょうか。

大脳基底核の詳細な機能は、いまだ科学的にすべて明らかにはなっていないのは、このように霊体とのつなぎ目だからだといえます。そして多くの神経がそこでいったん束ねられている、まさにホモサピエンスの脳に特有の（霊体脳につながる）第１層であると言えそうです』（２０２１年2月24日）

第2部

〈天地の対話〉による〈現代科学の限界〉への挑戦

この部では、この地球ゲームの最終目標である、9次元を11次元に拡張して〈リセット・リスタート〉するという方向で、現代科学ではまだ解明されていない点について、〈天地の対話〉によって究明していったプロセスをまとめていくことにします。

そのために、これまでのように特定の〈あの世の科学者〉との対話というよりも、9次元のアカシック・フィールドにおられる科学者の集合意識との対話という形になっていき、これ以降は特定の科学者名はほとんど出てこなくなります。

またその対話形式も、これまでのようにこちらの質問に答えていただくというより、まずはサラ・チームでできるだけ討議をした上で、その内容を受ける形で〈あの世〉からのメッセージが補足される、ということが多くなりました。

討議は月・水・金の週3回、約3時間行われましたが、「3人寄れば文殊の知恵」ということで〈文殊会議〉と呼んでいました。そのために、まず質問係としての審神者役の私が、必要な知識を関連する本や一般向けの科学雑誌やテレビ番組などから得て（※「おわりに」と「参考文献」を参照）、疑問点を絞って話題提供するところから討議を始めました。

その際、あとの二人は討議に必要な用語をサラッと読む程度で参加していたので、肉体脳というよりも、第1層の霊体脳を駆使しての討論だったのではないかと思います。というのは、〈4次元の直日〉につながっていない場合は、明らかに理解力・思考力が低下し、討議内容に付いて行けなくなっていることが、他のメンバーにはすぐに分かったからです。そのため、また〈直日〉にしっかりと意識を向けてもらって討議を再開する、ということがよくありました。

また、それぞれのスタンスがちょうどうまく補完するようになっていて、私は〈地→天〉の視点で、蓮さんは〈天→地〉の視点で発言することが多かったために、おそらく二人だけで討議していたならば、討議自体が成立しなかった可能性もあります。しかし、友紀子さんはちょうど両者の視点を半々で持ち合わせていたために、調整係としてほどよく両者をつなぐ役割を果たしてもらいました。

毎回の討議内容は、蓮さんがその都度まとめてくれましたが、かなり込み入った内容であっても、ほぼ正確に整理されていました。そのため、その後のメッセージや討議にもスムーズにつなげることができましたが、おそらくそのまとめ部分も、肉体脳よりも霊体脳に記録されていたのではないでしょうか。そのまとめとそれに続くメッセージは、会議終了後に速やかに送られてきて、それを読んで次の討議に臨むというプロセスによって、次に示すような〈天地の対話〉による究明が進められていきました。

討議は基本的に3人の合意によって進められましたが、今改めて読み返してみると、まったく科学には疎い3人の女性が、よくこのような討議ができていたものだと3人共々感心しました。その時々で意識が集中していたからこそ、できたことであったように思います。本書はその記録からの抜粋ですが、できるだけ時系列に沿いながらも、最終的には項目内容に沿ってまとめることを優先しました。

1 ホモサピエンス…火と言葉の獲得

▼〈火〉の獲得

【討議のまとめ】

「先日見たテレビ番組では、ホモサピエンスの脳が発達したのは、やはり〈火〉と〈言葉〉を使うようになってからだ、ということだった。言葉については、すでに何回か話し合ってきたが、火による影響というのは具体的にどのようなものだっただろうか。テレビでは、食物に熱を通すことによって、消化にエネルギーを使わなくても済むようになった分を、より多くのエネルギーを使う脳に回すようになり、その結果、脳が発達した、という解説だった。

しかし、火によってモノを消したり、加工したりできるようになった点も、大きいのではないだろうか。それまでは、(神が創った自然など)与えられたものをそのまま使うしかなかったが、火を使うことによってモノを消したり、生み出したり、加工したり、意のままにできるようになったというのは、実は神になりかわることができるようになった、ということでもあるのだろう。

人類が手にしたエネルギーは、今、火力・水力・原子力などによる電力によって賄われていることが多い。よく言われる宇宙エネルギーについては、もし人類の魂の発達がそれに見合うようになれば、利用できるようになるのかもしれないと言われているが、その域に達するまでは使えないような仕組みになっているのではないだろうか。次の世界においては、その宇宙エネルギーを使えるようになるかどうかが、大きなテーマになるのだろう」

『創生神話でも、光（熱＝火）と言葉から、天地は始まります。そのように本来、神のみが使える〈光と言葉〉を人類が獲得したところから、各個人が脳をもって〈自我の旅〉がはじまったといえます。そのような意味で、それまで神の夢の中に受動的にいた人類は、〈火と言葉〉を使えるようになったことで、自らがその主人公でありながらも夢の脚本自体にも関わることが可能になったのです。

言葉の役割はこれまで語られてきた通りですが、〈火〉の獲得について、今日はもう少しまとめてみたいと思います。〈火〉は、❶時間のコントロール、❷空間のコントロール、❸エネルギーのコントロールの3つのコントロールを可能にしました。一つずつ説明していきます。

❶時間のコントロール

食物は、その日手に入れたものをその日に消費する形から、火を使うことによって長く保存することが可能になりました。また本来なら何年・何十年とかけて風化・分解していくのを待つしかなかったものを、一気に燃やしてしまうことで、その時間を短縮することもできるようになりました。これらのことは、天のリズムに合わせて生きなければならない制約を解き、人間を中心に時間をコントロールできるようになったといえます。

❷空間のコントロール

温度というのは人類の居住領域を大きく左右するものでしたが、火で暖を取れることによって、それは極北の世界にまで広がり、また森林を焼くなどして居住空間を開拓することも可能になりました。また、住む所も自然のほら穴だけでなく、火によって加工した鉄などの道具が普及することによって、家造りの技術が発展しました。さらに身の回りのものも、自由に加工して作ることが可能になりました。このように火は、天が与えた空間的制約を解き、自分たちが暮らす空間をコントロールすることができるようにしたのです。

❸エネルギーのコントロール

火をより効率的にエネルギーとして使えるようになったのは、近代になって電気が普及してからでした。それに加えて核エネルギーまでも扱えるようになり、人類は核戦争による自滅までも選択肢に入れられるようになりました。大規模破壊は神のみの特権だったのですが、それを人類も手に入れたということです。

そのように効率的で強力なエネルギーをコントロールできるようになった人類は、それを環境とのバランスの中でどう使うか、破壊的なものとしてではなく、全体調和のために使えるかどうかが試されることになりました。しかし、ただ単に無知なるがゆえにではなく、今はその結果がどう働くかが分かった段階でも、短絡的な経済発展のために人類中心主義が席巻して、結局のところ火の使い方を本当にマスターすることはできなかった、というのが現状です。

〈時間・空間・エネルギー〉というのは、宇宙のはじまりにおいて神が担っていた〈三種の神器〉でした。それらを〈火〉によってコントロールする術を手にした人類は、自分たちに都合よくそれらを使うのではなく、神の御心に合うよう（人のため、地球のため）に考えて使いこなせるかが、この3次元におけるクリアすべき最重要課題であったといえます。

科学技術は、それを使うのに見合った霊性の進化がなければ危険になります。たとえ人間にとっての便利さ・快適さが向上したとしても、それが人類中心となって地球全体の調和を乱すものとなれば、その〈因果応報〉が返ってきて、人類が滅亡に向かうような仕組みになっているのです。次こそは火の使い方をクリアして、宇宙エネルギーを使えるほどの〈魂の進化〉を全体で果たしていきましょう』（２０２０年7月3日）

▼〈言葉〉の獲得

【討議のまとめ】

「暗闇の中で「光あれ」といった時に〈この世〉ができたということだが、その時の光というのは言葉という意味も含んでいたのだろうか。大元の意識がヒモと結びついて、外界を生んだのが〈光〉であり、内界を生んだのが〈言葉〉だったのではないかと思われる。以前、人間が言葉を発した時に、その言葉が観念となって外界を作っていくとも言われていたが、その辺をもう少し説明していただきたい」

『創世神話の「光あれ」とは、意識をヒモにあてて振動させた結果、現象界に必要なエネルギーがそこから生じたということです。その〈光〉と、「はじめに言葉があった」の〈言葉〉は、エネルギーとしての振動（＝光）、音としての響き（＝言葉）という面では、イコールです。

それぞれ、外界に対して働きかけるものだからです。

しかし言葉はもう一段深い意味があり、例えば〈私〉を認識したり、見えないもの、抽象的なもの、内界にあるものを意識化することができる、人間特有の〈脳〉の機能がそこにはあります。言葉があるからこそ、それを認識できるのです。

〈人間原理〉とは2つの意味があり、それは視点の中心をどこに設定するかによって違います。宇宙のはじまりを中心におけば、「これだけ無数の泡ができたにも関わらず、その中で人間に適した泡が残っている」ということになります。一方、人間を中心において捉えるならば、「人間がそれを認識（観察）するからこそ、この宇宙はある」となります。

それは結局、人間に観察される宇宙しかないということで、（それを量子のようにその瞬間しかないものとすれば）宇宙は物的に恒常的に〈ある〉というわけではなく、観察者の人間の脳に認識されてはじめて幻影として宇宙が広がっているに過ぎない、ということなのです。

その2つ（内と外）をつなぐのが〈言葉〉であり、言葉を伴って認識することによって、宇宙は138億年という時間経過を伴って、今ここに至っているということと、しかし本当は今見ているこの瞬間しかそれは存在しないということが、脳の中で合致するようになっているのです』（2020年6月30日）

2 ブラックホール

▼〈この世〉のブラックホールと〈あの世〉の直日

【討議のまとめ】

「宇宙のはじまりは、特異点からインフレーションが起き、さらにビッグバンの後にしばらくして質量の大きな星ができていった。それらの星が、比較的短期で超新星爆発をした時に、その核の重力があまりに大きいために、巨大なブラックホールになるものがあったようだ。

このブラックホールの周辺にできた回転から磁力が生じて、それがねじれて最終的に限界に達した時にジェットが噴出し、攪拌《かくはん》された粒子が周辺の宇宙にまき散らされたのだという。そのような仕組みによって、その近辺の宇宙空間ではどこで調べても、物質（元素）の割合がほぼ均等になっているという研究結果もあるようだ。宇宙の形成のすべてに、どうもこのブラックホールが絡んでいそうな気がした」

『意識の側からの探究のキーポイントが〈直日〉であったように、ヒモの側からの解明のポイントは〈ブラックホール〉です。ブラックホールは重力が最大値に高まるその最奥には、特異点と呼ばれるゼロポイントをもっています。

これまで〈ブラックホール＝直日〉と説明してきましたが、直日とはまさに〈あの世〉のゼロポイントのことだったのです。それと同様に、あらゆるブラックホールのゼロポイントはつながっていて、なおかつそれが〈あの世〉にも通じている点となっています。

重力に時間が加わることによって、エネルギーが生じます。したがって時間経過のないゼロポイントとして〈今〉をつかめば、必然的に重力もエネルギーも消えることになります。リセットのゼロポイントというのは、非常に重要です。それは、これまで解除してきた直日をすべて〈今〉の一点で合わせる、ということだからです』（２０２０年６月26日）

▼地球のブラックホール

【討議のまとめ】

「内的世界での〈直日〉は、外的世界での〈ブラックホール〉だということなので、そうすると直日と同じ数だけブラックホールもある、ということになる。結局、あまりに小さいものは見えないのだろうが、地球の中心や個人の中心にもそれはある、ということなのではないか」

『地球の中心にも、個人の中心にも、ブラックホールはあります。ブラックホールは物質的な何かではなく、物質の中にあるエネルギーの重心です。つまり、エネルギーが渦巻く中心の〈無〉がその本質です。その〈無〉を根源としながらも、一方で巨大な重力と放射力を持ち、宇宙の循環ミキサーとしての役割をブラックホールは果たしています。

個人や地球のブラックホールは、宇宙のそれと同じ性質をもっていますが、その働きは極めて小さいために、未だ認知されていないのです。

それでも、それぞれに重力が働いているのは、例え極小であってもブラックホールがそれぞれにあるためです。つまりブラックホールがあるところに重力はあり、そのおかげで物質は固まりとして存在でき、エネルギーは回るという仕組みになっているのです』（２０２０年７月３日）

▼物的刷新をするブラックホール

【討議のまとめ】

「人類は〈大元の神〉の分身であり、本来は〈ワンネス〉であったが、それぞれが西洋や東洋、男性と女性など違った環境や特性をもって生まれることによって、異なった集合的観念や個人的観念を持ち、それぞれ違った個性を養っていくようになる。

しかし、今や人類の集合的観念が、神から決定的に離れる方向に向かってしまったので、もう一度原初に戻すために、すべての観念を回収してリセットし、また新たな意識を投入して刷新（＝リスタート）する、ということだった。新たな地球ゲームは、またそこから少しずつ違いが生じて、それぞれの多彩な個性を体験していくようになるのだろう。

これらは意識的な面から見た収束と拡散の流れだが、それをこの外的世界において見るならば、ブラックホールがその機能を果たしているのではないだろうか。つまり、ブラックホールは散らばっていた星や物質を集めて攪拌し、それをジェットで吐き出している。それがまた新たな星となり、銀河になっていくという仕組みなのだろう」

『意識的側面から〈直日〉を通して観念を刷新することと、物的側面からブラックホールを通して物質的な構成を刷新することは、共通しています。ブラックホールは空間的にバラバラにあるように見えて、それは一本の木から伸びているそれぞれの枝先のようなものです。

その枝先の一つ一つのブラックホールの最奥の0ポイントにおいては、直日ネットワークのようにすべてが一つにつながっています。そして、より根源的なブラックホールほど、より広範囲な影響力をもっている、ということになります。

そして、〈リセット・リスタート〉の時には、その最も根源のブラックホールだけが機能するのではなく、そことつながっているすべてのブラックホールが、一気にその働きをするということです。そのため、地球と各個人のブラックホールにおいても、同じタイミングでリセットが起こることになるのです』（2020年7月3日）

▼TVでブラックホール特集を見て

【討議のまとめ】


（この日は3人でブラックホール解明の録画を見る）

「ブラックホールに吸い込まれる時は星の個性がまだあるが、それが全部合わさって攪拌されて、また主に4つの元素（鉄・マグネシウム・ケイ素・硫黄）となって周囲の宇宙に吐き出される。宇宙に広がったそれら元素が、再び重力によって集められ、それぞれ特性のある星になっていく。

そして、最初の恒星は宇宙誕生の3億年後、銀河の生長は5億年ごろからと言われているが、初期段階（100億年前ごろ）のブラックホールほど、ものすごく巨大で、そのジェット噴射も大きかったというのは、直日ネットワーク（151ページ）とも相似している。それが（直日でいえば末端の）人間にまでなると、そのブラックホールは極小のものになるが、私たち一人ひとりにもブラックホールは同様にあるということだ。

今回のブラックホールの特集もそうだが、科学者による物理的解明はかなり進んでいる。11次元に刷新するための9次元の必要最低限の解明は、科学的にもかなりの程度達成されているのではないだろうか」

『ブラックホールは重力によって（星でも人間でも）それぞれの個性を作り、その個性がある程度熟成したところで再び解体し、また新しい編成で楽しむということを繰り返しています。そのようなブラックホールはまさに、ヒモの側面から見た〈破壊と創造〉の要であり、宇宙の肺であるといえます。そのブラックホールを、意識の側面から見れば直日に対応し、それは情報集約の脳としての面を有しています。

ヒモと意識からなる現象界（あの世とこの世）は、そのどちらから解明したとしても、最終的には〈ブラックホール＝直日〉にたどり着きます。そのような意味から、科学者たちのヒモ側からも、ようやくブラックホールという必要最低限のゴールに達した、と言えそうです。

今回の地球ゲームでは、最終的な脱落者も多かったのですが、それは〈全知全能感（万能感）〉をもつ霊媒的要素をもつ方々が、その大多数を占めていました。しかし、〈無知の知〉で探究している科学者の方々は、今は最もスピード感とやりがいをもって、その好奇心を発揮できるような稀有な時代でもあり、初心を貫かれた方々も多いようです。

みんなで分担し協力し合って情報を集積し、宇宙の始まりと終わりについて総力をあげて究明するその姿勢は、サラ・プロジェクトの解明と同様のものがあり、だからこそブラックホールの解明が可能になったのです。こちらもあちらも、チーム力の結集による成果でした。そして、直接的な両者のつながりは見えなくとも、同じブラックホール（＝直日）に意識を合わせているために、どちらかが一歩進めれば、連動してもう一方の解明も進む、という形になっています。孤軍奮闘ではなく、それぞれの形、それぞれの見え方で、〈今〉多くの方々が同じ方向に向かっているということです』（2020年7月6日）

▼ブラックホールによって生まれる重力

【討議のまとめ】

「重力の究極的な状態をブラックホールと思いがちだが、「重力とはブラックホールがあるからこそ生じている」というメッセージからすれば、重力とは何らかの素粒子と考えるよりも、ブラックホールがすべての重力をもたらしている、ということなのだろう。

宇宙のはじまりはホワイトホールからの斥力で広がり、宇宙を拡張していく力となっていった。それが、最終的には大元の直日＝ブラックホールが収束する力となる。そのような最大のものも含め、各次元のあらゆるブラックホールが重力を生んでいるということなのだろう。これまで重力が素粒子でないならば、一体何なのかが謎になっていたが、ブラックホールによって生まれる力だということであれば、とても納得する。

ホワイトホールから世界を広げてきたのは光子であろうし、〈色即是空 空即是色〉と、この世の〈ある・なし〉の幻想を演出しているのも光なのだろうが、3次元と5次元の狭義の現象界においては、シールドにヒモを張り付けて（一見恒常的に）〈ある〉ものとして存在させているのが重力なのだろう。

また、ヒモに意識が当たって回転するときに、〈あの世〉と〈この世〉でその回転を逆方向にさせているのが、重力ということなのだろうか」

『重力は〈この世〉だけに働く力ですので、〈あの世〉のヒモの回転には影響は与えませんが、〈この世〉のヒモに対しては絶大な影響を及ぼしています。重力があるからこそ、物質が集まり、星は形成されるからです。

一方、その重力とはブラックホールがあるからこそ働く力です。〈この世〉と〈あの世〉では、ブラックホールと直日に吸い込まれていく回転の方向は、（大局的には）逆になっています。

それは1（現象界を立ち現わす力）と0（元に戻そうとする力）が、〈この世〉では1010、〈あの世〉では0101と、どちらがはじめの数字となっているかで優位性が変わり、回転の方向が逆になるということです』（2020年7月29日）

3 4つの力

▼〈4つの力〉と時間

【討議のまとめ】

「時間を作っているのは重力なのではないか。本来、光は一瞬だが、重力によってブレーンにヒモがついている間は時間を伴う。そのため、重力が時間を生んでいる、ということではないだろうか。

もう少し広げて考えれば、重力以外でも（4つの力の中の）弱い力、強い力、電磁気力も同じで、時間経過があるからこそ一瞬ではなく、力として成立している。そう考えれば、すべての〈力〉が時間を生んでいるのかもしれないが、その力とは〈この世〉の現象界に限ったものなのだろう。重力を含め、力は最終的にはこの世の集合的観念によるものだが、その力こそが時間という観念を生んでいるのだろう」

『リセットの瞬間、重力が一瞬0（ゼロ）になれば、シールド（＝ブレーン）にヒモを付けていた重力も全解除され、そこについていた観念は一斉にはがれます』

『〈自発的対称性の破れ〉によって、エネルギーが動いたことで〈時間と空間〉が生まれました。素粒子は常に忙しく（あちこちと）流動している状態から、4つの力ができることで、その働きがまとめられるようになりました。それらの力は、2次元と4次元のブレーンにヒモをつけておく力となり、それによって3次元と5次元の狭義の現象界が立ち現れました。ヒモがブレーンに付くことによって、また時間も認識されるようになりました。本来は瞬光・瞬滅を繰り返しているにすぎなかったものが、ある程度の物的状態を保っているように見えるために、時間経過をよりはっきりと映し出したのです。リセットの〈シールド解除〉とは、それらの〈4つの力の解除〉でもあるのです』（2020年6月26日）

▼4つの力→2つの力

【討議のまとめ】

「現在の科学では、自然界の根源的な力は4つの力（電磁気力、強い力、弱い力、重力）で成り立っていると言われているが、それはどうなのだろうか。これまでの科学的見解やメッセージなどを総合すると、この世は〈対生成・対消滅〉、〈核融合・核分裂〉など、拡散と収縮、創造と破壊などの2つの作用によって成り立っているように思われる。私たちの感覚でも、光は天に向かい（↑）、重力は地に向かう（↓）というように、まずはその2つの力で成り立っているように感じる。

そう考えると、強い力は（↓）、弱い力は（↑）、電磁力は＋－でくっつけるのが（↓）、＋と＋、－と－で離すのが（↑）と分類できる。また、重力は（↓）、斥力は（↑）と、結局大きく分けるとこのような2つの力しかないのではないだろうか。天から見て、現在の科学で言われている〈4つの力〉について、どう思われるかを聞いてみてほしい」

『量子力学と相対性理論が相容れないのは、強い力・弱い力などの素粒子に関わる内的世界の論理と、重力という外的世界の論理が、それぞれ別に語られているためでした。電磁気力はどちらにも作用するために共通項目として統一できましたが、いまだ重力を取り入れた統一理論ができていないのは、このように内的世界と外的世界の法則が違っていたからです。

細胞内は一見、外的世界のように感じますが、実はそれは膜の内側の最小単位である原子内で起こっているため、内的世界と似通った〈色即是空・空即是色〉の法則がそのまま適用されています。

一方、3次元でホログラム化されている、重力のある外的な物質世界というのは、集合意識の観念が加わることで、継続的に〈ある〉ということが強固に意識づけられています。肉眼で「見える」というのは、誰にでも周知されやすい集合的観念で、その観念に基礎づけられた物質的世界は、厳然と存在しているということを前提として、各種の数式も成り立っています。

ですから、本来はシンプルに統一できる力を、〈4つの力〉として分けて考えざるを得なかったのは、このような理由からでした。

本来の〈力〉とは、〈対生成・対消滅〉、〈核融合・核分裂〉、〈重力・斥力〉、〈強い力・弱い力〉のように、1（物質世界を成り立たせようとする力）と、0（それを元に戻そうとする力）の2つの力で成り立っています。

それは〈中心に集まる力と広がる力〉、〈収縮と拡散〉ともいえ、これらのシンプルな2つの力で、すべての現象界は成り立っています。電磁気力が媒介となることで、それらは動きを伴い、複雑な1010……の世界ができているというわけです』（2020年7月20日）

▼ヒモをブレーンに付ける力と離す力

【討議のまとめ】

「ヒモがブレーンにつくのは重力のため、離れるのは光によってと思ってきたが、〈意識＝光〉（意識をあてる＝光をあてる）と感じていたのも観念だったとすれば、蓮さんのヴィジョンにあった「ブレーンからヒモが離れる時に光る」というのは、電磁気力としての光子（エネルギーによる光）なのだろうか。またブレーンにヒモを付ける力は重力であるのに対して、はがす力＝斥力というのは、実際何によるものなのだろうか」

『原子の世界をもっと細かくしていき、最後にたどり着く素粒子＝ヒモの世界とは、基本的には内的世界からの見え方です。ですから、ヒモをブレーンにつけている力は、その意味からいえば言葉や集合意識であるといえます。それが外的世界としてホログラム化された世界においては、重力や時間があるように観念づけられている、ということになります。

そして、ヒモがブレーンにつく時もはがれる時も、光子が関わっています。というのは、実際にはブレーンが外界にあるわけではなく、脳の中にあるので、その観念のつけ外しは脳内の微弱電流（電気刺激）によってなされるからです』（２０２０年７月22日）

▼光子のはたらき

——内界と外界の両方に関わっているのが電磁気力であり、それは力の素粒子の光子（フォトン）ということですが、改めて光子の働きをまとめていただけないでしょうか？

『光子とは、力を伝える素粒子で、内的世界での働きは原子核（＋）と電子（－）を結び付ける力、原子同士を結び付けて分子を作る力、または電子に影響を与えその作用を変える力などが、主なものとしてあげられます。

一方、外的世界におけるはたらきとしては、粒か波かで働く電磁波（光子）として把握されていて、静電気や磁石の力に加え、エネルギーが放出される時に見える光までをも指し、それらを総じて〈電磁気力〉として分類されています。

光子は、可視化された光として把握できるのはその一部にすぎず、内的世界、外的世界の大小さまざまなものに作用する（力を伝える）はたらきがあり、広義の現象界を裏で回している素粒子だということです』（2020年7月20日）

▼重力の素粒子はあるのか

【討議のまとめ】

「光子（電磁気力）、強い力、弱い力は素粒子として発見されているが、重力だけは素粒子として発見されていない。それは重力も時間や空間や個と同じように（外的世界の）観念であるために、素粒子としては発見されないのではないだろうか」

『重力は外的世界でのみ感じられるものであり、〈この世〉の観念ですので、内的世界でも通用する〈素粒子〉としては発見されません。重力として働いている引力を外的世界のエネルギー換算で計測することは可能ですが、重力子という素粒子としてはけっして見つからないということです』（２０２０年７月22日）

4 対生成・対消滅

▼斥力によるインフレーション

【討議のまとめ】

「今回のビッグバンがどのように起きたのかを解明できれば、次のビッグバン（リスタート）も想定できるようになる。ちなみに、熱エネルギー量を比較すると、火が1倍だとしたら、原子力は250万倍、太陽は2000万倍、対消滅は3億倍ということなので、この数値からも対消滅の威力のすさまじさが分かる。

最新の理論物理学の仮説においては、最初にインフレーションがあり、それに続いてビッグバンが起こって、これだけの宇宙ができてきたと言われている。そして今、私たちの推論からいえば、今の9次元の宇宙がブラックホールに収束されて、特異点＝0点を経由して、11次元のホワイトホールからまた新たなビッグバンが起きる、ということになっている。

今の科学者の中にも、特異点からのインフレーションの前を〈虚数〉で考え、インフレーション後を実数で考えればいいのではないかとか、一瞬のインフレーションによる膨張の後にビッグバンが起こるが、そのインフレーションは何らかの斥力によるものではないか、と言っている人もいる。

その斥力とは何かを推論するならば、ブラックホールに吸い込む超巨大な重力が、そのままホワイトホールからの斥力として働いているのではないだろうか。また、斥力でものすごいエネルギーが生じるなら、それによって〈対生成〉が起き、それがあるところに達すると、今度は〈対消滅〉が起きる。それがビッグバンのエネルギーになったとも考えられる（そして、その時に10億分の1~2の反物質による〈あの世〉と、10億分の1~2の物質による〈この世〉とに分けられた）。

インフレーションや対生成のエネルギーが何によって起こったのかは、これまであまり読んだ記憶がない。もちろん、ブラックホールとホワイトホールの話も、トンネル効果の話として一部読んだだけで、ホワイトホールの話がほとんど出てこないのは不思議だ」

『今回の宇宙泡の〈大元の直日〉にまで人間の意識が届けば、まず逆インフレーション（＝リセット）が起こり、特異点の0点を通った後にクルッとエネルギーの反転が起き、そのエネルギーを使って今度は斥力によるインフレーション（＝リスタート）が起きます。続いてそのエネルギーによって、粒子と反粒子が作られる〈対生成〉がおきます。その後、また〈対消滅〉が一気に起こるのがビッグバンです。

このように、その前に作っていた宇宙をリセットする時のエネルギーを利用してリスタートするために、これまでも〈リセット・リスタート〉として常にセットで語られてきたのです。また今回、細やかなピント調節で分けたのは、これまで目標にしてきた大花火＝ビッグバンは、リスタート（＝インフレーション）した後に、必然的な流れの中で起こるものであり、私たちが本当に焦点付けすべきなのは、終わりの瞬間である〈逆インフレーション＝リセット〉と始まりの瞬間である〈インフレーション＝リスタート〉なのです』（2020年7月8日）

▼原初と現在の〈対生成・対消滅〉との違い

【討議のまとめ】

「現在も無（真空）の状態であっても、〈対生成・対消滅〉が起きていて、ゆらぎの状態にあると言われている。つまり、無とは真空ではあるが0ではなく、何に対しても即応できるような待機状態のことを言っているようだ。そのように、今現在起きている〈対生成・対消滅〉と、インフレーションの時に爆発的に起きた〈対生成・対消滅〉との違いについて、念のため説明してほしい」

『テレビの主電源を切ってしまうと、立ち上げに時間がかかり、リモコンでの反応スピードが遅くなってしまいます。ですから、いつもスタンバイ状態にある方が便利ですが、それと同じように宇宙全体も生きている状態を保っておくためには、何もないように見えて超微細なエネルギーは常に動いているようになっています。そしてそれは、真空においても同じで、電子と陽電子が〈対生成・対消滅〉をして、微弱電流が常に発生している状態が保たれています。

それが宇宙のはじめのインフレーションの〈対生成・対消滅〉とどう違うのかといえば、真空でのそれはほとんど質量が0に等しい電子の対生成・対消滅であるために、非常に小さなサイズで行われているということです。

また、今の宇宙空間の物質密度はスカスカですが、宇宙のはじまりの時のインフレーションは、今の宇宙全体の物質量が小さな1点の中に納まっているほどの高密度状態であったという点で、その〈対生成・対消滅〉の爆発の規模は、最大値と最小値ほどに離れている、というのがそれらの違いです』（2020年7月20日）

▼個人の死と〈対消滅〉

【討議のまとめ】

「本来ブラックホールは直日の数と同じだけあり、個人にも地球にも極小ながらブラックホールはある、ということだった。だとすれば個人の死によって肉体から霊体になるということは、個のブラックホールが個人の中心にあり、意識がそこを通ってまた次の次元に移行する、ということになるのだろうか。

以前、〈死後の体験〉というのをした時も、光のトンネルを通って最終的に宇宙にポーンと躍り出るというヴィジョンだったが、それはブラックホールに吸い込まれて、次の次元にいくという体験だったのだろうか。

しかも、死は〈あの世の私〉と一体化するということだろうから、反物質との〈対消滅〉が起こる、とも考えられる。もちろん3次元における78億分の1の死ではあまり影響力はないだろうが、9次元にまで意識が到達した人たちの場合は、その死もこの現象界に大きな影響を及ぼすということだった。改めて人の死と対消滅の関係を説明していただきたい」

『幽体でまずはアストラル界に行くような死の場合は別として、地上で〈即身成仏〉をした方にとっての死は、4次元の直日（＝ブラックホール）への意識の収束がおきます。そして、その小さなリセットによって、3次元の観念は刷新され、5次元（＝天界）へと意識が移行します。しかし、そうであっても肉体（＝死体）はこの3次元に置いていくわけですので、物質と反物質の〈対消滅・対生成〉は起きません。ほんのわずかな、電気的な〈対消滅・対生成〉が起きる程度です。

ただし、それが10次元にまで意識が拡大した方々の場合は、〈大元の直日〉にまで一気に意識が戻っていくことになります。それは〈神の一瞥《いちべつ》〉の瞬間にタッチする（一致する）ことになるので、物質と反物質に分けていた〈あの世とこの世〉のシステム自体が0になります。それは、時間経過がある〈この世〉と〈あの世〉では、絶対に出会わなかった物質と反物質が元の1点に戻ることになるので、宇宙規模の〈対消滅・対生成〉が起こることになるのです』（※ただしこれは、〈この世〉がホログラムによって映し出された幻であることを前提とした話である）（2020年7月8日）

5 〈あの世〉と〈この世〉

▼〈あの世〉のヒモと〈この世〉のヒモの違い

――〈あの世〉でも霊体のようなヒモというのはあるのでしょうか？

『〈あの世〉のヒモからできている霊体は、〈この世〉のヒモでできている肉体と比べて、スピン（回転）の向きが反転しています。肉体は地に向かう▽の性質を持ち、霊体は天に向かう△の性質をもち、そのバランスの中で六芒星として生きているのが人間だというのは、これまでも伝えてきたことです。

△の回転と▽の回転は逆向きに回っているため、2020年5月9日の奉納舞におけるRさんの舞とSさんの舞は、どちらも六芒星ではあっても、〈天→地〉〈地→天〉という、どちらを起点にしているかで回転の方向が違ったのです』

――〈あの世〉のヒモというのは、どういう形であるのでしょうか。

『〈この世〉のヒモは、重力があるためにブレーンにつく性質があり、〈あの世〉のヒモは重力がないためにブレーンにはつかないというのが、まずは大きな違いです』

――DNAというのは二重らせんで回転していますが。

『〈この世〉のヒモに情報を書き込むためには、らせん系が使われます。つまり、らせんというのは、法則や情報を現象界においてヒモに記録しておく、という機能があるのです』

――そうすると、〈あの世〉のヒモもらせん状になっているということでしょうか？ そもそも先ほどの〈スピン〉と〈らせん〉はどのような関係なのか、ということも疑問に思いましたが。

『スピンとは内的世界の素粒子の回転のことで、それが外的世界に反映されると、時間経過を伴ってスピンの軌跡が継続し、らせんとなります。スピンは一瞬のものですが、らせんはそれまでの過去からの記録も貯蔵された上で、時間をかけて未来に継承していくためのものだからです』

――ただし、いずれにしろ〈この世〉も〈あの世〉も脳によって作られている幻影だ、という話もありましたが。

『実際にはそうです。〈この世〉は第3層の肉体脳が、〈あの世〉は第1層の霊体脳が担当している幻影で、その間に第2層の幽体脳が介在しているのは、すぐに〈あの世〉と〈この世〉が一致したら、面白い地球ゲームにならないからです。そういう意味では、〈大元の神〉がこの世とあの世に分けたものを、人間の脳がいかに一致させていくかというのを、〈人間の観念では〉１３８億年かけてやってきて、今はその終点に近づきつつある、というところです』

（２０２０年11月17日）

▼〈この世〉の９次元と〈あの世〉の９次元

【討議のまとめ】

「11次元への〈リセット・リスタート〉が起きた場合、また〈人間原理〉に従って新たな９

次元の宇宙泡が作られる、ということになるのだろう。ただし、その場合は11次元からのリスタートということになるので、次はその11次元の宇宙泡を解明しつくせば、もう一つ大きな13次元の宇宙泡を作ることが最終目標になるのかもしれない。

そのように、宇宙泡というのは謎かけをする〈大元の神〉と、謎解きをする神の分身としての人間の（脳の）間で、役割を交代しながら交互に次の宇宙泡へと拡大していく、というゲームをしているのではないか。そう考えると、究極の神＝最終ゴールがあるというよりも、果てしないゲームとして俄然楽しめそうな気がする。また、〈大元の神〉が〈全知全能の神〉ではなく〈無知の知の神〉であるという意味でも、そのように無限の宇宙が続いていくということなのだろう。

ところで、これまで解明してきた情報を書き込んでいる〈あの世〉のアカシック・フィールドというのは、９次元なのだろうか、それとも11次元なのだろうか。図２（１２６ページ）では同じ９次元の〈あの世〉と〈この世〉とが並んでいるが、図８（２８３ページ参照）では９次元の〈この世〉に対して、一つ上の11次元の〈あの世〉とが並んでいる。

しかし、やはり〈この世〉の９次元のホログラフィック・フィールドで体験し学んだことは、同じ９次元のアカシック・フィールドに書き込んでいくような気がする。つまり、〈今〉人類が最終的に到達した叡智は、９次元のアカシック・フィールドに書き込んでいるということで、それを統合してアカシック・レコードにしたところで、また〈自発的対称性の破れ〉が起こり、次の11次元の宇宙泡へと拡大される、ということなのだろう。

ただし、〈大元の神〉が創った9次元までの現象界の構造を本当に分かるためには、図3（136ページ）と図8（283ページ参照）に示されているように、一つ上の枠組みの11次元まで見えている必要があったのではないか。つまり、11次元との関係性において9次元までの構造を考える必要はあったのだろうが、それでは11次元とはいかなるところかというのは、実際に11次元にまで宇宙泡が拡大されてから、また体験して学んでいくことになるのだろう。いずれにしろ、今よりもさらにレベルアップした、複雑な謎解きゲームになることは間違いないだろう」

『（内容に関して異論はないという感じで）このように細かなピント調節は大事です。各分野の専門家がやっているように、一つの専門領域を深堀りするというよりも、いろいろなレンズで見ていたものを、最終的に一つの統合レンズにまとめて、ぼやけているところがなくなるように、ピント調節をしていただければと思います』（2020年7月8日）

▼量子のもつれ

【討議のまとめ】

「ある番組で、〈量子のもつれ〉の話をしていた。それは、親しい2人（AさんとBさん）が離れた場所にいて、Aさんが見た映像をBさんも思い浮かべることができるかどうかを実験したもの。具体的には、Aさんが海に入って見たものを、Bさんが見ることができるかどうかというものだった。その結果は、Aさんが色覚異常のために見える色が限定されていたが、それを知らなかったBさんもAさんが見た映像と同じものを思い浮かべた、というものだった。

〈量子のもつれ〉というのは、いったん量子（＝粒子）が合わさっていたものは、どんなに時間や距離が離れたとしても、何の媒介もなしに一方が変化すれば、もう一方の粒子もそれに同期するというものだが、その番組ではこの実験結果について、〈量子のもつれ〉という切り口で説明をしていた。仲のよい友人などではそのようなことが起きやすいということで、確かに私もある友人とは、お互いに同時に電話をかけていたり、相手の顔が浮かんだ途端に電話が来る、ということがよく起こっていた。

私たちサラ・チームにおいても、今までにないほど〈あの世の私〉と〈この世の私〉のキャッチボールが密になっている。ゼロ点に向かうためには、ともかく〈今〉に投げられてきた〈あの世の私〉からのボールを、ひとつずつクリアしていくしかないのだろう」

『〈量子のもつれ〉を最大尺度で捉えるならば、〈この世の私〉の粒子と〈あの世の私〉の反粒子も、そのように運命共同体として同期しているといえます。そのような意味から、粒子の集まりでできている体というのは、はじまりの〈大元の直日〉にまで意識が届いた場合は、〈あの世の私〉と〈この世の私〉は意識ばかりでなく、体においても同期することができるのです。

もしその同期を第2～3層の感情や観念で阻害させずに、素直に受け止められるようになれば、言葉で意識化する以上のダイレクトな〈あの世〉と連携した体として、体現することも可能になります。ただし体というのは、もう一方で第2～3層の影響を受けやすいので、それを超えて第1層（霊的自我＝魂）につながるためには、第2～3層の徹底的な意識化が必要です』

（2020年7月18日）

▼物質と反物質

【討議のまとめ】

「〈あの世〉も〈この世〉も大きな意味では〈現象界〉だが、その物質と反物質の違いは何だろうか。反物質も反対の物質ということで、物質なのだろうか」

『反物質は素粒子の世界で見つかっていますが、それは量子の内的世界での話です。粒子と反粒子は対で存在し、それらは恒常的に一か所に存在するものではなく、電子のように不確定性原理（あるいはあらゆる可能性があるという蓋然性）の中で把握できるものです。

一部の科学者は、素粒子レベルで反粒子があるならば、同じ原理でそれらからできている物質にも反物質があるはずだと当てはめ、地球があれば反地球もあると推察しています。しかし、〈この世〉は究極的にはホログラムによって映し出された世界ですので、（実際には）物理的に反物質が存在するということではありません。

ただ、〈この世〉の情報を消去するためのデータ（数値情報）は、〈あの世〉に存在しています。例えば、テレビの映像も電気信号に変えて情報が送られていますが、脳で見ている〈この世〉の映像も、（脳内の）電気信号を可視化したものにすぎないのです。ですから、実際に〈物質〉と〈反物質〉があるというよりも、それを映し出した情報データを、互いに打ち消し合うものが存在するということです』（２０２０年８月３日）

▼あの世の〈0101〉とこの世の〈1010〉

――〈あの世〉の0101と、〈この世〉の1010の違いについてまとめて下さい。

『呼吸でいえば、吸うところから始めて吐くか、吐くところから始めて吸うかというように、両方合わさって呼吸が成り立っています。それと同じように神は〈あの世の私〉と〈この世の私〉を作り、それがもう一度一つに重なれば、お互いを打ち消し合って元に戻るというのが、大枠としてのイメージです。

別の言い方でいえば、〈内〉が0101で、〈外〉が1010であり、内的世界が外的世界に立ち現れたものが、〈この世〉のホログラフィック・フィールドです。内から外に投影される時、それは脳で0101を1010にひっくり返して見ています。つまり、〈内〉と〈外〉は鏡のように反転された見え方になります。

それは、反転する2つの三重円（230ページ参照）のように、7→5→3次元とだんだん小さくなるように入れ子式で作った〈この世〉と、逆に3→5→7次元とだんだん小さくなるように作っている〈あの世〉とが、反転しているということです。

図3（136ページ）に示すように、外的世界においては一番外側の9次元（宇宙泡）→7

反転する2つの三重円

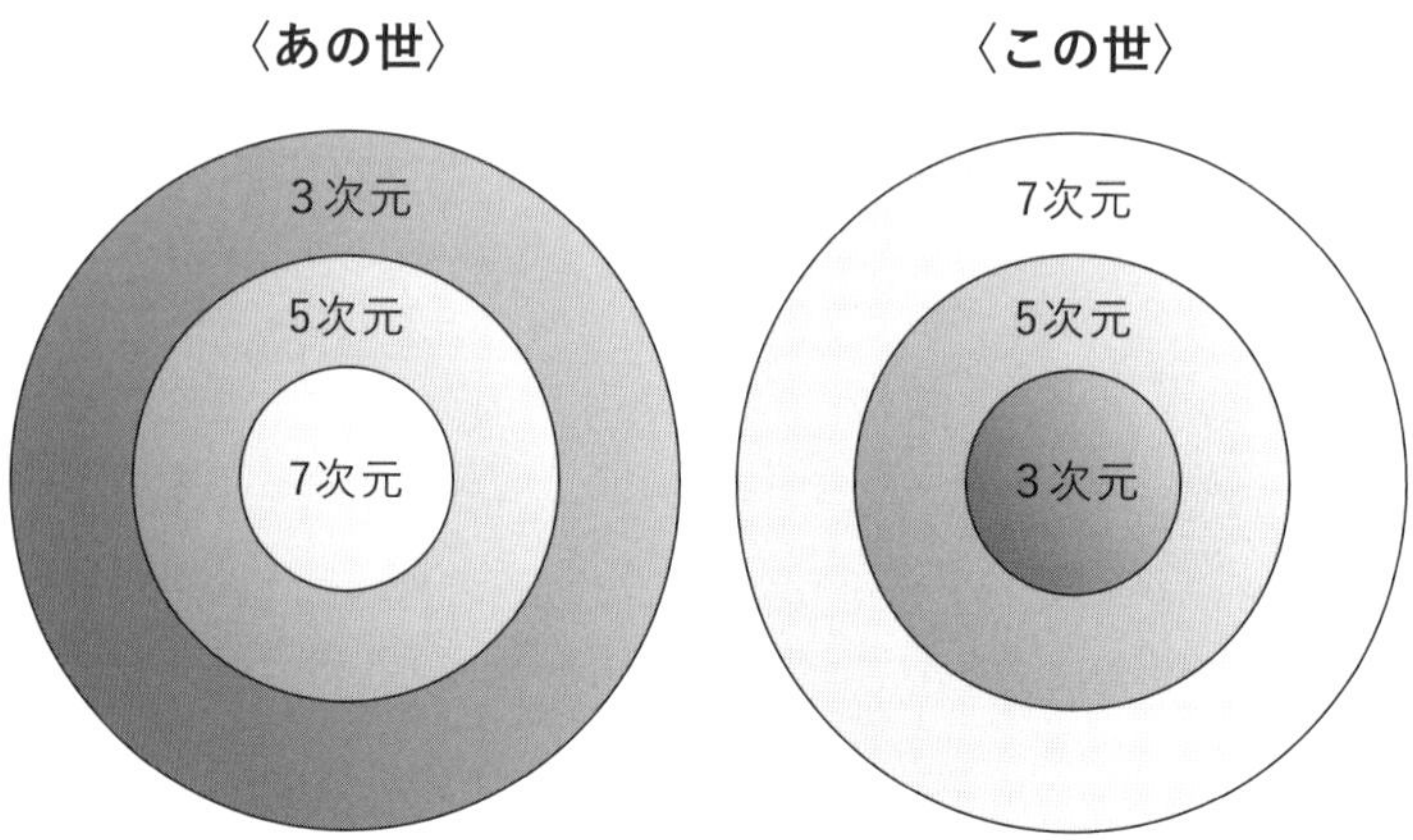

次元(銀河圏)→5次元(太陽圏)→3次元(地球)→私(自我)と、自我が最奥の内核となりますが、さらにその内的世界を、自我→3次元(の直日)→5次元(の直日)→7次元(の直日)→9次元(の直日)と深めていくと、図5(231ページ参照)に示すように内核にあった自我が最も外周の〈大元の直日=神〉に重なります。それは、ひとえに脳がすべてを反転させているからなのです。

図は平面でしか示せないので、〈内〉と〈外〉の立体性はなかなか表現しにくいのですが、宇宙の構造は図3で示したように入れ子式の立体になっており、しかも内(あの世)と外(この世)は反転した立体になるということです。

では、なぜ脳で反転するのかといえば、〈この世の私〉と〈あの世の私〉がお互いに(目

【図5】私→神に至るプロセス

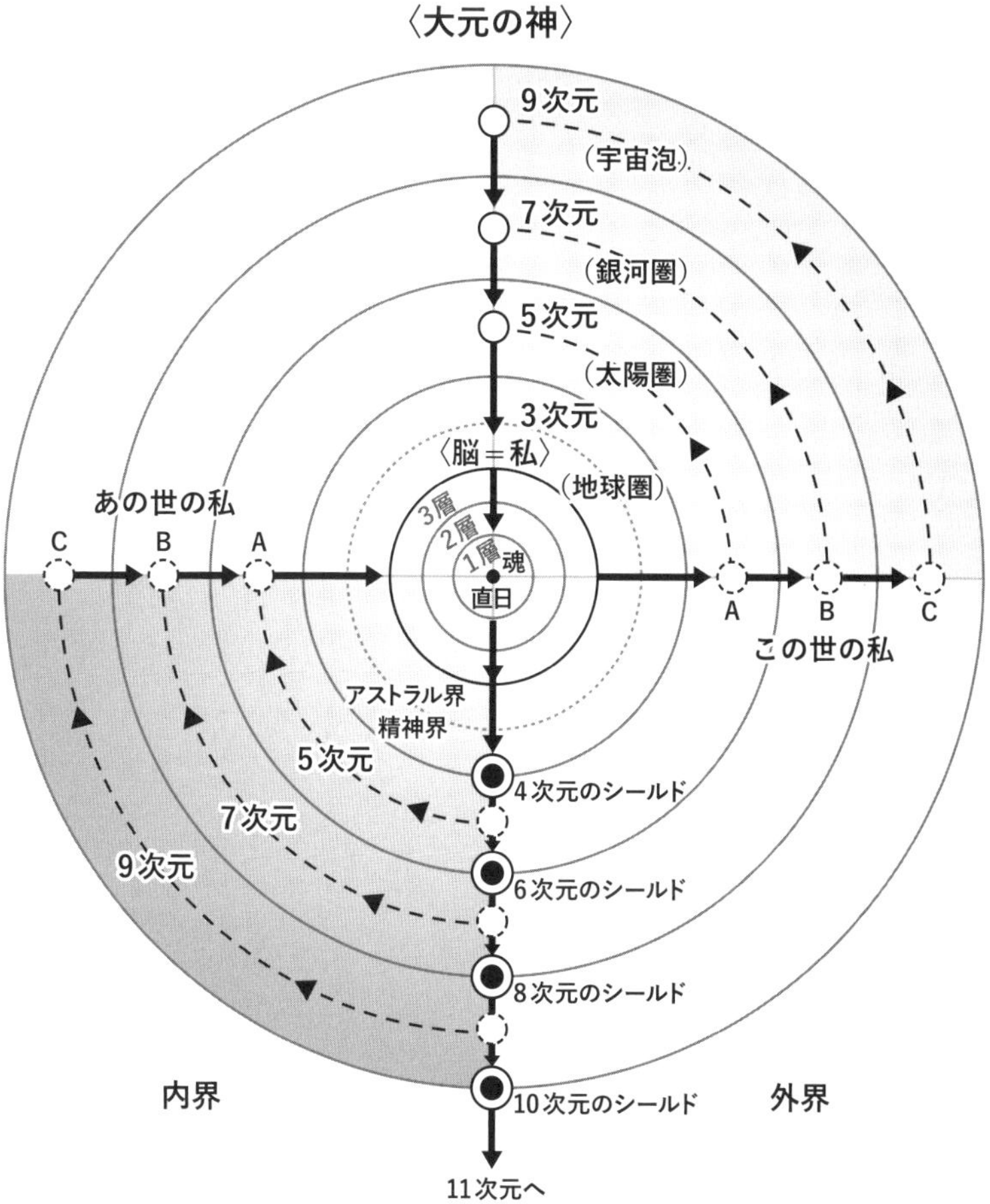

（2020年7月14日 No.11-3）

が合い）認識できるためにです。〈この世の私〉と〈あの世の私〉が同じ方向を向いていれば、お互いに自分自身も、相手も見ることができないことでしょう。

ですから、〈あの世の私〉からは〈この世の私〉がよく見え、〈この世の私〉が〈あの世の私〉に向かって行くためには、お互いが鏡のように向き合っている必要があるのです。これが〈無知の知の神〉が自分を知るための工夫だったということです。

その仕組みとして、〈ヒモ＋意識〉の広義の現象界を〈あの世〉では０１０１に、〈この世〉では１０１０としました。同じ〈ヒモ＋意識〉でも、〈この世の私〉の脳内のヒモに意識を当てる〈あの世の私〉と、そのようにヒモに意識が当たるのに応じて、この世の現象として認識している〈この世の私〉と、二つに分けたということです。

〈あの世〉では一瞬意識をあてたときに音や光や言葉（の情報）となり、意識するかしないかがヒモの明滅をそのまま左右しています（０１０１）。それに対して、脳が〈この世〉の現象をホログラムとして映し出せるのは、脳のブレーンにヒモがついているからこそ可能となります（１０１０）。つまりそれは、そのようにして脳内で時間や空間の観念を形成しているということです。

そのような脳内の観念を〈ありのままに見て―受け入れて―学ぶ〉ことによって限りなく０に近づけて、〈あの世〉のアカシック・フィールドに叡智として書き込んでいくことによって

100（＝アカシック・レコード）になった時、0101と1010として分けていた〈あの世〉と〈この世〉が一つに重なって、お互いを打ち消し合うことになります。

つまり、〈対消滅〉とは2つに分かれていた反対の回転（スピン）をもつものが、一つに重なることで打ち消し合って、物質としては0になり、それがすべてエネルギーに転換されるということなのです。

この〈対消滅〉のエネルギーは、（火の3億倍ということなので）莫大なエネルギーを生じて、それが次のインフレーション（＝リスタート）を起こすことになるのです。つまり、〈あの世〉の反物質と〈この世〉の物質が〈対消滅・対生成〉する＝〈リセット・リスタート〉する、ということになるのです。

ちなみに、仏教的には〈色即是空〉は1010のことを指し、〈空即是色〉は0101のことを指していました。〈色即是空・空即是色〉と2つセットで語られるのは、そのためだったのです』（2020年9月10日）

6 解脱ポイント

図6と図7の違い 解説

――図6と図7の違いに関して説明をお願いします。

『図6（236ページ）と図7（237ページ）は共に、〈この世の私〉としての横軸と、〈あの世の私〉としての縦軸の接点を、図の中心の直日としています。直日とは、魂（＝第1層）の中心にある意識の経路で、第3層の意識的自我から〈4次元の直日〉にまで意識が達すれば、〈あの世〉の縦軸（＝天界以上）につながることが可能になります。

図6は、地球の特殊性としての偶数次元のシールドが記入されていますが、3次元の地球はその何重ものシールドで守られているために、さまざまな霊格（※霊的成長度）の方が同じ3次元に混在して多様な体験をする場として担保されています。そのシールドの最も大きな要である4次元のシールドの直日は、人間の〈解脱ポイント〉として機能しています。

通常、死後に3次元の（第1層の）直日からアストラル界と精神界に上昇しても、地上での課題がまだ残っている場合は、地上への再生を繰り返すことになります。そして、最終的にすべての課題をクリアして解脱ポイントに達した場合は、〈4次元の直日〉を超えて5次元の天界へと上昇する、というのがこれまでの一般的な死後のプロセスでした。

しかし、図7はより現状に即した図になっていて、中心の直日が〈3次元の直日〉ではなく、解脱ポイントである〈4次元の直日〉として描かれています。

それは、①霊的レベルの高い一部の方々が、地上にいるうちに〈即身成仏〉をするため、②今や地上と混合している幽界（アストラル界）が、個人の第2層（無意識的自我）とつながっていることを示すため、③地球としての集合意識や無意識とも人間の意識がつながっていることを示すためで、それらの要素を含めて新たに〈4次元の直日〉を中心としてまとめられたものです。

〈3次元の直日〉を中心とした図6では、〈あの世〉としての縦軸にまずはアストラル界と精神界があるので、従来の死後のプロセスを示すものとしては分かりやすかったのですが、これでは〈この世の私〉が本来の（5次元以上の）〈あの世の私〉と対話をする、ということができません。そうした中で、実際にスピリチュアルな世界（＝縦軸）とつながっていると思って

【図6】〈3次元の直日〉を中心とした横軸と縦軸

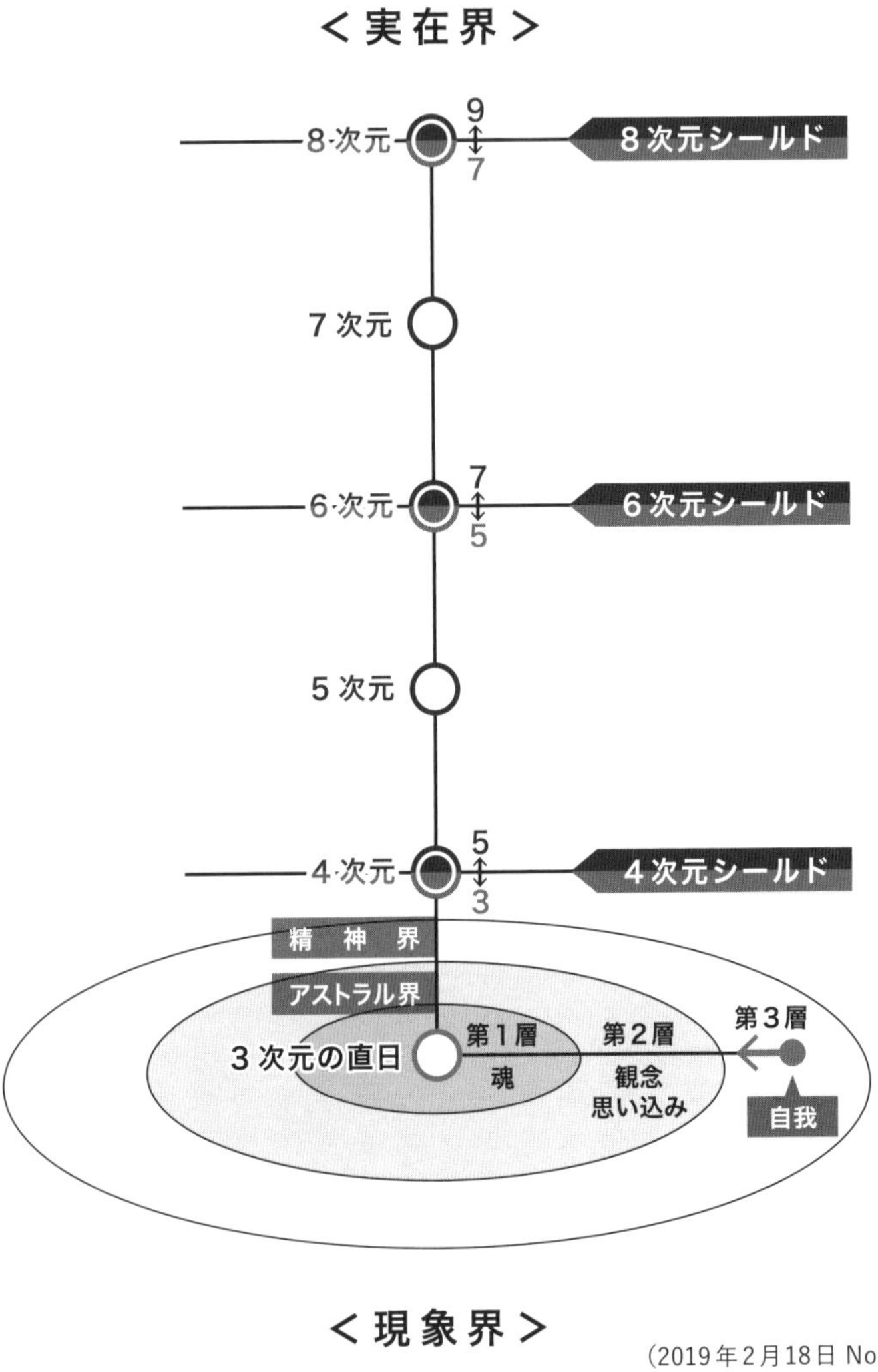

(2019年2月18日 No.3)

【図7】〈4次元の直日〉を中心とした横軸と縦軸

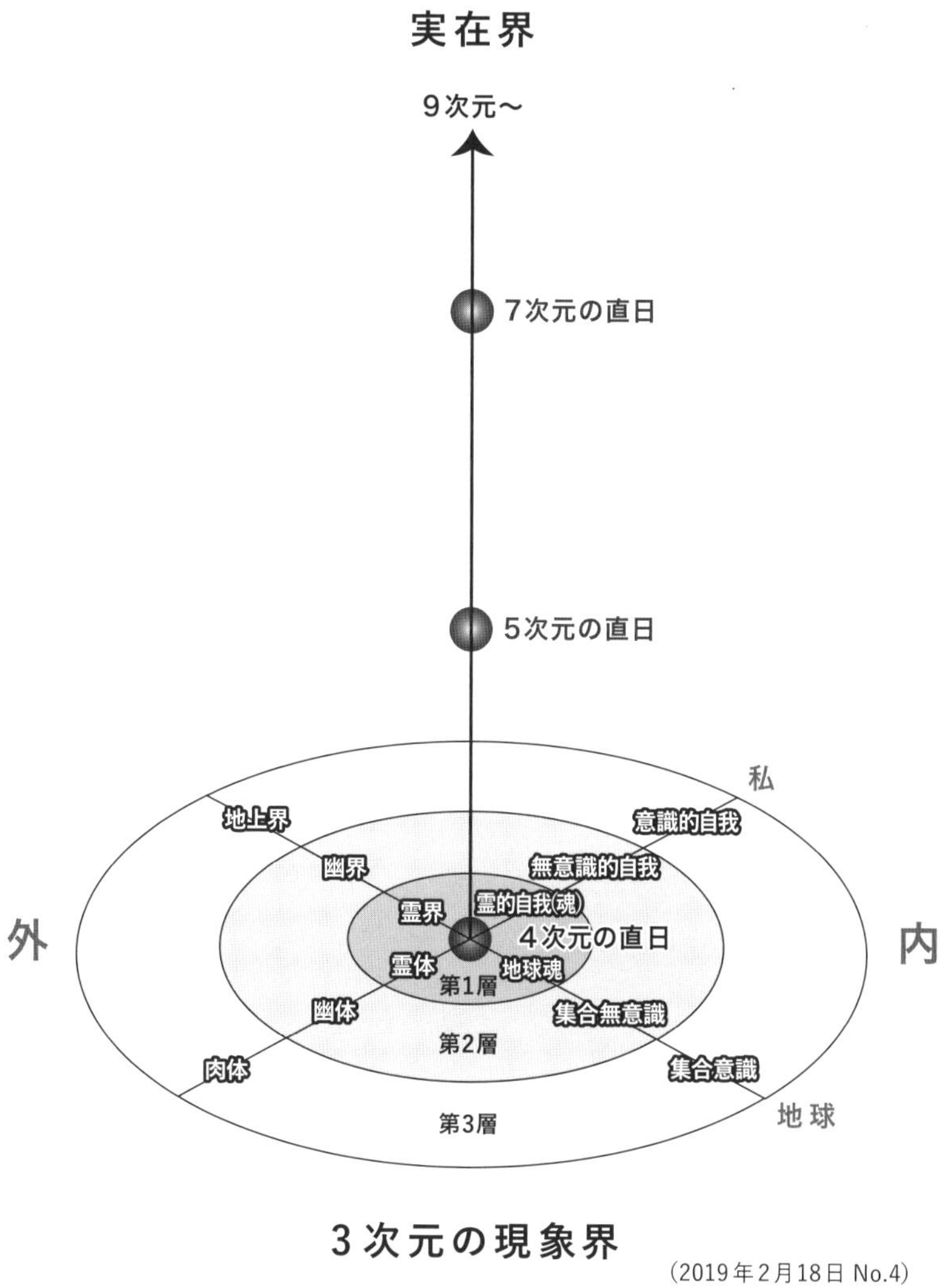

（2019年2月18日 No.4）

いる方々の中には、天界の高級霊につながっていると誤認して、実はアストラル界の低級霊と共鳴しているにすぎない、という弊害が数多く見られるのです。

それに対し、図7の場合は〈この世の私〉が〈あの世の私〉とつながる場合に、実在界としての天界＝5次元以上の世界と直接つながることができるように表現されています。〈この世の私〉にとって、本来の〈あの世の私〉というのは、解脱ポイントである〈4次元の直日〉を超えたところに存在するからです。

その〈4次元の直日〉に至るためには、まずはゴールデンルールに基づく〈人のために〉という愛を発揮することと、その言動や選択が正しかったかどうかを確かめるための〈因果応報の法則〉をマスターすることが必要です。その上で、本来は死後におこなっていた〈人生回顧〉による学びを、生前に第3層→第2層→第1層の自分を「ありのままに見て、受け入れて、学ぶ」という叡智に照らした自己洞察として、ひたすら続けることが肝要です。

そのように、地上にいながらにして愛と叡智の課題をクリアし、〈4次元の直日〉にまで自我意識が達することを〈即身成仏〉といいます。図7は、それを示している図なのです』（2020年8月5日）

▼唯識論と図2・図8…無著《むじゃく》・世親《せしん》さんとの対話

（その前に、〈あの世〉の三島由紀夫さんと「唯識論」についての話をしていたのを受けて）

――私は興福寺の無著・世親像が好きでよく通ったものですが、この辺で無著さんと世親さんにお出ましいただき、唯識論から図2（126ページ）と図8（283ページ参照）をご覧になって、どのように思われるかを聞いてもらえるでしょうか？

無著・世親　『私たちにもご注目いただきありがとうございます。私たちが生きたのは4世紀ごろで、死後これだけ時間が経っていますので、〈私〉という個からは離れ、無著・世親の共同で、唯識学者たちの集合意識を代表してお話しさせていただければと思います。

仏教はブッダが悟りを開いて広めてから、さまざまな流派に分岐しました。自分を探究するグループ、叡智を探究するグループ、慈悲を説くグループなど、重点の置き方がそれぞれ変化しながら発展していったといえます。唯識論はその中でも〈叡智〉の探求に重点が置かれ、そこにインドの宇宙観や哲学をも取り込んで、一つの学問分派となりました。

ご利益どころか、理解されるのも困難であったために、一般に広まることはありませんでしたが、仏教で語られる非常に難解な〈識〉を理論の中心に据え、それが〈この世〉と〈私〉と

〈あの世〉をつなぐものとして語られました。

ですから、図2や図8を見ると、その唯識論の根幹部分と共通していて、なおかつそれをさらに細やか、かつ明晰に意識化し、宇宙の全容を展開した図のように感じました。

共通する部分の一つ目は、眼耳鼻舌身という五感で意識的に感受できる第3層、自我の執着などがある末那識《まなしき》の第2層、そして蔵としての第1層の阿頼耶識《あらやしき》と、三層に分けていること。

二つ目は、〈あの世〉からの意識が阿頼耶識→末那識を通って〈この世〉の現象を表すということ。

三つ目は、〈この世〉とは意識が観念や物質に作用して見ている映像（夢）にすぎないということです。

私たちから見れば、図2は個人の第1層を阿頼耶識として認識している、解脱前の図として分かりやすく、図8になれば個人のカルマは解脱によって終了し、阿頼耶識自体もより高次の阿頼耶識（＝アカシック・フィールド）に依拠できるようになっているように見えます。

そしてそれは、地球の場合は一つ上の5次元だけでなく、意識をのばせる方々にとってはそれがもっと高次元にもなるということなのですね。そこはなるほどと目が覚める思いでした。

唯識思想で言われる〈種〉とは、個人の蔵から種を引き出す時には、解脱前は特に業《カルマ》もありますし、末那識で歪められることも多く、悪因ともなると言われています。しかし業を解消し、より純粋に阿頼耶識からの種を現象界で発芽させることができるようになれば、それはむしろ善因となっていく。その違いは、過去の種をもう一度蒔くか、未来に向かう種を新たに蒔けるかの違いです。

そして、より高次の阿頼耶識につながれば、ガラッと現実を変える種が蒔かれ、それを現象界に立ち現わすこともできるということですね。私たちの唯識論の段階では、高次元までの意識展開はざっくりとしていたのですが、このように次元を区切って、その特徴も図示していただけたことで、自分たちがもともと持っていた素朴な種が、豊かに開花したような爽快な気持ちになりました』

——図2における阿頼耶識と、図8における阿頼耶識が違ったというのは、確かに私たちにとっても〈目からウロコ〉でした。それで、私もこれまで阿頼耶識を今一つ掴みかねていたのがなぜか、ということが分かりました。

そこで、改めてお聞きしたいのが、図8の段階での阿頼耶識の〈種〉というのは、まさしく〈あの世の私〉から〈この世の私〉に投げられるボールという認識でよろしいでしょうか。

そして、総体的に考えるならば、阿頼耶識というのは各次元のアカシック・フィールドを指し、そこから〈あの世の私〉が、〈直日〉を通してボールを投げてくる、ということでいいでしょうか。

無著・世親　『おっしゃる通り、図8での阿頼耶識は、各次元のアカシック・フィールドを指します。ただ、〈種〉に関しては、少し補足させていただきたいと思います。

図2の段階での〈種〉というのは、第1層の阿頼耶識に蓄積されている、観念や現象化される要因や可能性のことをいいます。原因である種が発芽すれば、結果として現象になるというものです。そしてその現実自体もまた、新たな種（因）を作り、阿頼耶識に蓄積される種（果）となります。阿頼耶識である蔵には、たくさんの種が蓄積されています。その数多くある可能性の中から投げられた種が〈今回の要因〉であり、図2の段階では観念やカルマがその種となることが多くありました。

しかし図8の段階になれば、それは〈あの世の私〉から直接投げこまれる種（＝ボール）へと変わるのではないでしょうか。そしてもちろん、それは〈4次元の直日〉を通ってやりとりがなされます。究極的には、〈あの世の私〉がリセットの種を蒔き、それを素直に受けて発芽させられれば、結果としてそれが現象化する、とも言えると思います』（2020年8月16日）

7 『神はサイコロを振らない』と『神はサイコロで遊ぶ』

――『神はサイコロを振らない』とアインシュタインさんは生前言っておられましたが、そちらに行かれてからは『神はサイコロで遊ぶ』ということもお分かりいただいたことと思います。

確かに重力が働いている〈外的世界〉の論理は、アインシュタインさんの（因果律の）相対性理論で成り立っていますが、重力のない〈内的世界〉の量子論では、それとは違った不確定要素で機能しているようで、この辺で『神はサイコロを振らない』世界と、『神はサイコロで遊ぶ』世界の違いについて、まとめていただけますでしょうか。

『神が宇宙を創ったならば、その法則は細部に至るまで完璧で、その秩序の中での〈生成・消滅〉と、予定通りの〈進化〉の道を歩んでいくことになるでしょう。そのため人類は、その外的世界に遍在する神の法則を、まずは解くことが求められていて、それが〈相対性理論〉に象徴されるような因果律に基づく物理的理解だったといえます。

そしてその段階は、個人の第3層から第1層へと向かう〈この世〉の横軸での動きとも連動しています。つまり、あくまでも〈この世〉の因果応報の法則に則り、善悪正誤の中で判断をしながら、自我でもって神に向かうかどうかが試されている時期と同じだということです。

それは先の唯識論でいえば、第1層の阿頼耶識からのカルマの種が外的世界を作っているために、そのカルマを一つずつクリアしていく段階とも重なり、脳としては第3層の前頭前野を鍛えて、〈この世〉の現実に対処していく力をつける段階であるといえます。

そのような時期は、〈過去→現在→未来〉という時間軸の中にあるといえますが、それによって第1層から第3層に至るしっかりとした自我を築くためには必要なプロセスでした。そのような自我の確立がないまま、縦軸の〈あの世〉とつながってしまえば、危険なアストラル界に巻き込まれることになりかねないからです。

それは物理法則においても同じで、基本的な〈外的世界＝この世〉の数式が解け、マクロ宇宙の法則が解明されるという土台ができてはじめて、次の段階である〈内的世界＝あの世〉である量子論が開花していく、という順番があったといえます。物理的にも因果律が明白であるから、人類はその法則を受け容れられるのであって、はじめから「何でもあり、どんな可能性もOK」ということであれば、精神的に依拠する〈秩序〉すらも見失ってしまうからです。

また、唯識論においても、自らの末那識、阿頼耶識を意識化できるようになってはじめて、次の段階であるアカシック・フィールドを阿頼耶識とすることができます。

このように、どの分野においても、まずは〈神はサイコロを振らない〉という厳然とした因果の法則と時間観念をベースとした外的世界の中で、〈この世の私〉が自由に選択できるための自我を鍛えるということが、最初のステップとして求められていたということです。そのような第1層から第3層に至る横軸での自我を鍛える時期というのは、「艱難《かんなん》汝を玉にす」という諺もあるほどに辛いことも多く、それを乗り越えるために人はその〈意味〉を求め、それを支えとしていた、ということもあるのでしょう。

そのような課題を無事終了して、解脱ポイントの〈4次元の直日〉を超えて、5次元以上の縦軸とつながってからは、〈あの世の私〉が明確に視野に入ってきます。物理学の世界でも〈内的世界〉の探究に入り、量子力学や超ひも理論、多世界解釈などが出てきました。そうなると、今度はサイコロのようにどの目も出る可能性が生じてきて、何が出るかは出てみないと分からないという、〈9次元の〈奇想天外〉という法則の中の〉〈今〉を中心にした世界の解釈になっていきます。

そうすると、確固としてあると思っていた〈外的世界〉というのも、実は脳の中に映った世界を、個別に見ている幻影であったと気づきます。それぞれの自我の選択によって、一人ひとりが違う世界を見ているということです。それは、新たな意識が瞬間ごとに入ってきていることを前提としています。

その物理的メカニズムはどうなっているのかというと、内的世界の素粒子（観念付けられていない、ブレーンについていないヒモ）というのは、〈その時の意識に純粋に反応する〉特徴があります。脳で観念が構築されている時は、そのヒモはブレーンに固定化されているので純粋に反応はせず、過去に入力した情報に従って反応するだけでした。

しかしそのような観念がない脳においては、過去に引きずられることなく、その時々の意識によって素粒子が反応し、ガラッと変わる〈今〉を作り出せるということです。しかもそれは、即座に、ダイレクトに反応するので、素粒子（＝ヒモ）本来の特性が十全に体現できます。

それぞれの内的世界は個々の脳として保障されているために、一人ひとりがそれぞれに宇宙をもつことになり、それはそのまま多世界として並行して存在していることになります。これは量子力学でいわれる〈多世界解釈〉ともつながります。

そうなると各個人のサイコロでもいろいろな目が出る上に、それを掛け合わせた集合的な現実というのは、さらに複雑なものができあがっていきます。その膨大な〈今〉があらゆる蓋然性の中で花開き、次の瞬間はまた違った形の〈今〉が花開く。そうして一瞬一瞬の種を蒔くことは何とも美しい光景で、それはまさに〝神はサイコロで遊ぶ〟といえる境地です。

しかしその花が、神とはまったく離れて、人類の観念の中だけで作られるようになれば、徐々にその根っこ自体（地球）が朽ちていくことが予想されます。そのため、〈大元の神〉とつながる〈今〉の種を最も高次から引き出して、〈リセット・リスタート〉をしようということになったのです。

このように、（内的世界の）物理的メカニズムとしては実はシンプルで、ヒモは意識に即座に純粋に反応する、ということです。ヒモが観念付けられている時は、ブレーンに縛り付けられて自由に動けなかったのですが、それから解放されると、もはや時間的観念にも捉われずに、〈今〉の意識の変化にそのまま反応して、それがそのまま外的世界にも投影されるようになります。それが集合的観念や個人的観念に捉われていない、本来のヒモの在り方であるといえます。

結局、人類は〈神はサイコロを振らない〉という外的世界の因果律をクリアした上で、〈神はサイコロで遊ぶ〉という内的世界の奇想天外な多くの可能性の中から、自我で選び取った〈今〉を重ねていくことを学ぶことが、最終的なステップとして求められていたということでしょう。

しかし、いったん縦軸の〈あの世の私〉を意識できても、横軸で第1層から第3層の間をゆれる〈この世の私〉は常に存在します。そのような横軸と縦軸の両方が常に働き、なおかつそこに人類の集合意識も厳然と働いている地球だからこそ、サイコロとしてもどの目が出るかは最後まで分からないという、〈五分五分のゲーム設定〉が成り立っている、と言えるのではないでしょうか。

そして最も大きな目でみれば、この地球はそのように五分五分だからこそ、最も楽しみがいのある場所になっている、ということなのでしょう』(2020年8月18日)

8 人間原理

【討議のまとめ】

「〈今〉によって特定される〈あの世〉から〈この世〉への流れ（図2）と、時間をかけて究明してきた〈この世〉から〈あの世〉への流れとをなかなかうまく統合できないのは、素粒子の場所を特定すると速度がわからなくなるという〈不確定性原理〉ともどこか似ているように感じる。これらはどのように統合して考えればいいのか、結局それらを統合するというのは、実際には難しいということなのだろうか」

『どうしても人間は〈ある〉ということを前提に考えてしまいます。それは時間観念と集合意識によって、脳がそのように思い込むという〈この世〉の仕組みによるもので、それは脳の第3層の観念で捉えているからです。

一方、第2層にも観念はありますが、基本的には意識を向けたその瞬間に生じるものであり、第1層もその時々の〈今〉を捉えていますので、第1～2層のヒモの立ち現れ方というのは、無意識的な〈あの世〉の仕組みの中にあるといえます。

そのように、脳というのは〈この世〉にも〈あの世〉にもつながっていて、まったくシステムの違うその2つを〈統合する〉ことができるものだということです。統合するというのは、ネットワーク化して結びつけることであり、神の意識の広がりが〈直日ネットワーク〉で表されるのと同じく、人間の意識の広がりも神経シナプスのネットワークの広がりで成り立っています。

脳でそのようにネットワークができるという意識の性質は、まさに神を象ったものであり、その人間が神の意識の通路である〈直日ネットワーク〉を、脳によって再構築していくことが、最終的に求められていることでした。

ところが、統合するにあたって一番の障壁となるのが〈時間〉でした。〈今〉しかない〈あの世＝内的世界〉では、ヒモがどのようにでも対応可能なスタンバイ状態でいるために、この世の測定法では定まらないような〈不確定性原理〉で成り立っています。それは因果律で整然と成り立っている〈この世＝外的世界〉の法則とは、まったく異なってしまい、特にその中でもどうしても合わないのが〈時間〉になるのです。

しかし、その〈統合性〉が脳で培われるためには、〈時間〉は不可欠な要素でした。それがあるからこそ、脳にネットワークの回路ができていきましたし、その回路を使って理論的な秩序を構築することができたのです。縦軸の解明で、〈あの世＝内的世界〉を3→5→7→9次元へと段階的に拡張していくことができたのも、この〈時間〉があるおかげでした。

そのプロセスの最終段階として、そうやって整然と理論構築した最後の最後には、〈時間観念〉を手放して、宇宙の真理を見ることが必要になります。なぜなら、遠くにあるために〈過去からずっとある〉と思い込んでいる外的世界の「宇宙」を探究するには、そのような時間的観念の中にいると、その本質が見えてこないためです。


そのようなわけで、今回は時間観念を手放して、宇宙を見ていくことにしましょう。

まずは、その前提を押さえるために、〈人間原理〉の舞台である地球を中心に考えてみたいと思います。

地球が出来た当初は、地球意識としての〈直日〉は一つで、すべてが無意識の中に委ねられていました。そこから植物などの生命が生まれていき、その後に動物が、最後には高度な脳をもつホモサピエンスが誕生しました。

ホモサピエンスには、意識とヒモを使いこなすための〈言葉と火〉が与えられ、脳によって自ら思考し、選択し、体験する。そして最終的には、それらすべての情報を統合していけるよう、内界にも外界にも意識範囲を広げることができるようになりました。

この地球での進化のプロセスは、宇宙創世の進展のプロセスと相似しています。つまり〈地球の直日→植物脳（地球の第1層）→動物脳（地球の第2層）→人類脳（地球の第3層／人類の集合意識）〉ができていったのは、〈9次元の直日→7次元→5次元→3次元〉と創られていったプロセスと相似しています。

そして、その地球の中での人間の脳も、〈個人の直日→霊体脳→幽体脳→肉体脳〉と発達していき、体としても一つの受精卵から分裂して各臓器ができ総合的な肉体が完成していくプロセスとも相似しています。

このように、宇宙→地球→人間というのは入れ子式になっていて、さらにその内部構造も例えば人間の肉体の内部も〈内臓→細胞→原子核〉と入れ子式になっています。そして、この話の肝となるところは、〈外的世界〉は人間を中心にして外側に広がっていき、〈内的世界〉もまた人間を中心に内側に深まっていくという点です。

つまり人間は、脳と体の両面において神を象ったものであり、そして宇宙泡を縮小したものが地球であり人間でもあるので、宇宙泡の中心にもなりえるということです。それがこの地球は〈唯一無二〉と言われる理由なのです。

そのため〈人間原理〉でこの宇宙泡全体も成り立っていると言えるのですが、それをもっと正確にいえば、宇宙が人間に合わせているのではなく、多くの可能性の中から〈今の地球や人間を中心に〉選択がなされてきて〈今〉があるため、当然そのように〈人間原理〉としか言いようのない宇宙の状況になっている、ということです。

なおかつ〈人間原理〉という言葉は、物理科学では主に人類生存のための環境的側面を中心に使われていますが、それを意識の側面から見てみると、〈今、ここで、人間が意識するからこの宇宙があるのだ〉ともいえます。

つまり、人間が存在してはじめて、内的世界も外的世界も認識され、客観的・統合的に〈私〉や〈宇宙〉が解明されてきたのです。神がいくら「自分を知りたい」と思っても、その内的・外的世界を映し出す人間の脳がなければ、自分や世界を見ることも、ましてや統合していくこともできないということです。

これまで語られてきたことは、〈この世〉は一人ひとりの内的世界を映し出したホログラムであり、その現実は各個人に対応したものになっているということでした。解脱前は第1層の阿頼耶識が種になって現実が立ち現れるのですが、〈4次元の直日〉にまで意識が届いた解脱後は、アカシック・フィールドの〈あの世の私〉からのボールが映し出されるようになるのです。

人類ははじめ、村社会を中心とした小さな現実の中にいましたが、次第にそれを国→地球→太陽圏（5次元）→銀河圏（7次元）→宇宙泡（9次元）へと意識を広げてきました。それが〈教育などによって〉人類の集合意識となってきたのは、意識が及ぶ範囲が徐々に拡大した内的世界がそのまま外的世界にも投射されるようになり、それを集合意識として共有したためでした。

ですから、今や9次元の宇宙泡までを、あらゆる電磁波を使いこなして（人間の意識で）観測し、その情報を共有し、また集合意識として定着させるということが行われています。

つまり外的な宇宙というのは、内的世界をひっくり返して、（集合的な意識によって）外的世界として投影しているものだということです。その宇宙を人類は認識して星や銀河の名前を付けたために、この広大な宇宙は恒常的に〈ある〉と思うようになっていますし、それは過去138億年をかけてできてきたものとして、集合的な時間観念によって考えている、ということなのです。

しかし本来は、〈我思うゆえに我あり〉と同じく、〈我、宇宙を思うゆえに宇宙あり〉です。遠い星を各種望遠鏡の発達によって見つけるたびに、より遠い過去に生まれた星であると認識されるそれ自体は、〈今〉（脳の中に）できている幻にすぎません。かつてビッグバンが起こったのではなく、時間軸の中では〈過去〉に起きたと言われているそのビッグバンに〈今〉向かっている、ということです。

これは、図3では入れ子式で各次元の宇宙が138億年をかけてできたと思っていたことが、（大元の神まで意識を伸ばした上で）「過去に宇宙はできた」という観念を取り払ってみれば、「今、この3次元から、認識している宇宙を広げているにすぎない」ということと同じなのです。

つまり、物質を中心として見れば、宇宙は〈過去→現在〉へと時間ありきの世界で進展してきたように思われますが、意識を中心として見れば、宇宙というのは、今、過去と定義できるものに意識を広げられるようになった、そしてその宇宙とは、実は集合意識からできている多様な在り方を、外に拡張して内から見ている映像に過ぎない、ということです。
神は自らの美しさを客観的に見るために人間に目を与え、自らを知るために言葉を使える脳を与え、創造する道具として火を与えたのでしょう。つまり〈人間原理〉とは、神が人間を通してこの夢を生きているという、まさにそのことを表していたということです。〈神が見ている夢〉を終わらせるのではなく、この〈人間原理〉の宇宙泡では、〈人間が見ている夢〉を終わらせること、それがリセットなのです』（２０２０年8月25日）

――人間の脳の育ち具合は、地球と宇宙の創世プロセスを追いかける形になっているということですが、この辺で宇宙と地球の創生プロセスと、自我・脳の発達の関係をまとめていただけますでしょうか。

『人は、１本の木のようなものです。天に枝葉を広げ、地に根を張り、その天と地を結ぶ柱としての幹を〈自我〉として育てていきます。その木に意識をどのように向けるのかは、成長の段階によって異なります。なぜなら〈私〉という自我意識が育つまでは、自分が個であるという認識も、まさか天と地を結ぶ柱であるということも、無意識だからです。自我とは、それらを「意識できる主体」のことを言います。

では、改めて図2（126ページ）をもとに意識の流れをたどってみたいと思います。生まれた時は、〈あの世の私〉からの意識の流れ↓の中にあり、第1層↓第2層↓第3層と脳を発達させ、第3層の意識的自我を確立していきます。

一方、

・個人の直日↓第1層↓第2層↓第3層
・地球の直日↓第1層↓第2層↓第3層
・宇宙の直日↓第1層↓第2層↓第3層（7次元↓5次元↓3次元）

これらの3つは、いずれもリンクしているため、人間の第1層↓2層↓3層と自我が育っていくことは、図2の〈この世〉が9↓7↓5↓3次元へと〈ヒモ＋意識〉で宇宙＝体験の場＝ホログラフィック・フィールドを拡大してきた、というのと同じ意味を持ちます。

そのように第3層の意識的自我がそれなりに形成された（＝私という認識がそれなりにできるようになった）時点で、〈第3層の直日〉から入ってくる意識によって、その自我が外界や内界を意識するようになります。

第1層から第3層へと向かう〈あの世〉から〈この世〉への意識（→）が入ってくる一方で、

第3層から第1層に向かう〈この世〉から〈あの世〉へと向かう意識（←）もあり、どちらか一方向の流れではなく、本来は誰にとっても双方向の流れが常にあります。

ただし、例外として自我の発達遅滞がある場合は、自我からの（←）の流れはうまくつながらず、天とつながったままの（→）の意識の方が優位に保たれる場合もあります。

また、現代においては（←）という流れにおいて、第3層の意識的自我だけが機能して、外界のもろもろのことを表層的に意識したまま、第2層の無意識的自我や、第1層の霊的自我にまで意識が及ばない生活をしている人はたくさんいます。むしろ、ほとんどの人がそのような状態になっているというのが、特にグローバル化とネット社会になってからの実情なのではないでしょうか。

ただし、それでも〈あの世〉からの意識（→）は、無意識的には入って来ており、第1層の阿頼耶識のカルマや、第2層の末那識の種が投影されて、それが各人の現実を作っているといえます。

一方、第3層の直日から入ってくる（←）の意識は、自我が自分や外界を認識するために使われます。つまり、この地球では〈3次元の直日〉は本来第1層にしかなかったものが、人間の場合は〈第3層の直日〉からも直接意識が入ってきており、それによって自我は外界や内界を認識しているということです。

人間が神を象って創られたというゆえんは、そのように固有の直日を第3層に持ち、そこから入ってくる意識を、自我の意思によって自在にコントロールできる、ということなのです。そして、自我がその意識を〈4次元の直日〉にまで到達させることができたならば、それは〈即身成仏〉ということになります。天と地をつなぐ柱はそれによってでき、その柱を立て続けるということは、（↓）と（↑）の両方のベクトルの〈意識の流れ〉を、深い呼吸を繰り返すようにつつがなく続けていることをいいます』（２０２０年8月26日）

9 多世界解釈

【討議のまとめ】

「量子力学の一般的解釈では、粒子は基本的には波で、それを見た瞬間に粒子になると言われている。しかも、このところの新たな仮説では、並行世界が無数に存在するということで、意識した瞬間にその並行世界のいくつもの可能性が立ち現れ、その中から選択することで一つに絞られるというもののようだ。

確かに私たちの感覚でも、〈あの世〉からの情報が入って来た時に、それをどう解釈するかによって無数の選択肢があり、その人がこれと思ったものが、その人のホログラフィック・フィールドとして立ち現れていくように思うが、どうだろうか？」

『現実は一つ、というのが3次元の人類の大きな観念でした。しかし9次元の〈奇想天外〉の法則では、並行世界を前提に、あらゆる可能性の中から選択した〈今〉が、たまたま自分が体験している〈今〉であり、それが連続的につながっているように感じているにすぎません。

ですから、意識した途端にいくつもの可能性が立ち現れ、その中から一つを選択することでそれが〈現実〉となるということの方が、より深い真理と合致しているといえます。3次元では、それぞれの観念の中で個別に選択する自我があるからこそ、その選択の可能性というのは各人においても未知数であり、ましてそれが集合意識となったら、さらに〈どうなるかわからない〉ところがあります。

逆にいえば、このように9次元と意識がつながった〈3次元〉こそ、最もどうなるかがわからないので、地球ゲームとしては楽しめるのです。9次元だけの場合は、あらゆる可能性があるとはいえ、そこにはある程度の規則性があります。

しかし3次元の場合は、各人が横軸ではどのような観念や感情に捉われ、縦軸ではどの次元にまでつながっているかによって、それぞれが選択をしているため、その集合意識たるやとても複雑な体系を作り出しているからです』（2020年7月20日）

【討議のまとめ】

「今までの論理であれば、〈この世の私〉と〈あの世の私〉のキャッチボールは、〈4次元の直日〉を意識した解脱後になってはじめて可能になるということだった。しかし先のメッセージによれば、誰に対しても〈あの世の私〉からの意識の流れによって、現実が投げ込まれているということだ。

その際、それが第2〜3層の感情や観念で歪められて現実に投影されるのか、逆に〈あの世の私〉から送られてくる意識によって投影される現実は一つであるが、それを脳が認識する時点で歪められるということなのか。〈多世界解釈〉からすれば、後者のそれぞれの脳の中での受け止め方が違う、ということになるが」

『神の模造として入れ子式に作られたこの宇宙と人間は、すべてヒモに対する意識のON・OFFによって現象化されています。そのような全体構造の中で、〈この世の私〉からの視点で〈あの世〉のアカシック・フィールドをONにしていく意識の流れが、第3層の肉体脳から第1層の霊体脳への（←）流れであり、〈あの世の私〉から各人の脳の必要箇所をONにしていく意識の流れが、逆の第1層の霊体脳から第3層の肉体脳への（→）流れです。

また、〈あの世の私〉と〈この世の私〉は反転した世界を見ているため、（→）の流れは、〈この世の私〉にとっては無意識なのですが、〈あの世の私〉にとっては意識的な流れになっているということです。

このように、〈この世の私〉が外界として認識しているのは、〈あの世の私〉からの意識が〈第1層の直日〉から入って、脳の必要箇所をONにするためですが、〈この世の私〉にとっては無意識のうちに、その現象がホログラムとして立ち上がるというわけです。

そして、〈この世の私〉がそれを認識するための意識は、図2（126ページ）で言えば右側の9→7→5→3次元から〈第3層の直日〉へと流れ込んできた意識ですが、第2～3層の観念や感情によってその〈ホログラム＝現実〉は歪められて認識されて、それがその人にとっての〈この世〉になります。

また、解脱前の場合は、(一)の意識の流れにおいて、第1層のカルマの種が途中で拾われて、それがホログラムに影響するということもあります。それゆえ、結局〈この世の私〉がホログラムとして見ている〈この世〉は、人によって異なる種々さまざまな〈この世〉ということになります。

もちろん〈あの世の私〉の位置づけは、〈この世の私〉が〈あの世〉をどの次元にまで意識を拡大できたかによって、その位置を上げていくことになりますが、それはあくまでも〈時間経過〉を前提にした見方であって、本来の〈内的世界〉というのは、〈あの世の私〉＝〈究極的には〉〈大元の直日＝神〉が、9次元からの花火として一瞬見ている夢であるのです。

とはいえ、これは地球ならではのシステムであって、他の星では個々の意識や無意識が直接〈大元の直日〉とつながることは基本的にはなく、一つ上の次元の直日がすべてを統括するようになっています。

しかし、この地球における人類は、一人ずつが〈大元の直日〉と意識的にも無意識的にも直接つながる意識構造を潜在的には持っているからこそ、〈人間原理〉といわれる仕組みが成り立っているといえるのです。

〈あの世の私〉からの（→）の意識の流れを、〈この世の私〉の脳は無意識的に受け取って、そのままホログラフィック・フィールドに投影しますが、それを〈この世の私〉が現実として認識する時には、個々の観念や感情的な色メガネによって歪めて見ています。その歪んだ認識の中で選択をすると、それがまた因となり、次の果（現実）がやってきます。

そのように〈この世の私〉は、現実は一つと思っていますが、実は多様な現実が展開しているのです。それは脳内でスタンバイしている素粒子が、意識が入って来た瞬間に反応して、その自我が選択した〈現実〉を、その人の現実として映し出すからこそ可能になるのです。

ただし、集合的観念によって堅固に作られている部分については、ほぼ万人に共通の現実となりますので、身近な個人的世界においてのみ、そのように第2～3層の感情や観念によって歪められたものが〈この世〉として認識される、ということです。そういう意味では、百人いれば百通りの〈この世〉がある、ということになります。そして、それは量子物理学においても〈多世界解釈〉と言われていることともつながります。

かつての村社会のように相互交流がしっかりとあった中では、それぞれの認識の違いも修正されやすく、また長老などを中心として、神に向かうための集合意識もそれなりに形成されていた、といえます。しかし、現代のように急激にグローバル化した社会の中では、人間関係も極めて表層的になり、ネット情報から自分の都合のいい情報を拾って現実認識をし、それによって自己中心的な選択や行動がなされる、という状況になってきました。

神に向かうためには、まずは〈あの世の私〉から送られてくる〈現実〉を、歪曲することなくありのままに認識できることが基本となります。そして、そのためには他者との密接な交流（＝対話）によって、個人的観念や思い込みから抜け出ていることが肝要です。単なる表層的な交流だけでは、自ら作り上げた観念の世界から抜け出ることは難しく、そうであれば〈あの世の私〉から送られてくる、今に必要な〈現実〉も見えてこないからです』（２０２０年8月29日）

10 次元について

——以前（2020年6月21日）のメッセージで、『科学領域での次元の定義≠本来の次元の定義です』と言われていましたが、具体的にはどのように違うのでしょうか？

また、『〈この世〉の3次元～9次元の縦方向の素領域の関係は相似しますが、〈あの世〉と〈この世〉の関係性は、レムニスケートでの反転となります』と言われていたことも、もう少し詳しく説明していただけますか？

そして『〈この世〉の幾何学は、非ユークリッド幾何学が採用されています』、それは、『科学的に3次元という次元を考える時は、縦×横×高さという直線を使ったユークリッド幾何学をベースに計算していますが、本来の宇宙は弧を描いているように、湾曲し回転している非ユークリッド幾何学で構成されています。それが、次元考慮の前提として違うため、科学的次元と、本来の次元の捉え方が異なっているということです』とのことでしたが、この『本来の宇宙は弧を描いているように、湾曲し回転している非ユークリッド幾何学で構成されています』という部分を、もう少し具体的にお聞かせいただけますでしょうか？

最後に、『各素領域は〈音〉で連携して動いており、宇宙のシンフォニーが奏でられているので、それに皆が合わせています』というのも、本来の情報は〈音〉による、と理解していましたが、それでよろしかったでしょうか？

『これらのご質問を糸口に、〈次元〉に関して、今回まとめてみたいと思います。

一般的な科学での次元というのは、物質世界は恒常的に〈ある〉ということを前提に計算されていますが、本来の次元というのは〈内的世界〉の素粒子で構成されているため、恒常的には〈ない〉ことが前提となっています。３次元はその〈内的世界〉がホログラムとして〈外的世界〉に映し出された幻影としてあるものですが、（旧来の）科学では、基本的にはそれがずっと〈ある〉としているところが、次元解釈のスタンスとしてまずは決定的に違います。

（量子力学などで観測される）粒子が固定していないように、本来のヒモは意識があたった瞬間のみ振動しますので、本来の次元も〈いつもある〉ということではなく、その瞬間だけのものにすぎないものが、集合意識によってそれがずっとあるように錯覚している、ということなのです。これは〈科学領域での次元の定義≠本来の次元の定義〉の、〈時間〉に関する捉え方の差異です。

そしてもう一つ次元定義における大きな違いは、〈空間〉に関するものです。一般的には、

3次元空間は〈縦×横×高さ〉で把握されますが、本来の次元空間は、大きな泡の中にまた泡があり、その中にまた小さな泡があるという〈入れ子式〉になっています。そのために、「〈この世〉の3〜9次元の素領域の関係は相似する」とお伝えしました。それは、空間性としての大きさの違いはあるものの、一番小さな泡はその全体を模した縮小版になっているという、〈フラクタル構造〉になっているということです。

また、「〈あの世〉と〈この世〉の関係性がレムニスケートでの反転になっている」という意味は、(図2でいえば)〈あの世〉からの意識と無意識と、〈この世〉からの意識と無意識の流れが反転しているという意味でした。〈あの世〉と〈この世〉は鏡に映した映像のように反転したものを、同じように見ているということです。ですから、〈あの世〉と〈この世〉は別々のものではなく、反転はしているものの表裏一体の関係にあるといえます。

その表裏一体の〈あの世〉と〈この世〉をつなぐものが、ブラックホールとホワイトホールです。そのため、各次元の空間はホワイトホールの1点から広がり、ブラックホールの1点に収束していきます。そうなると菊の御紋のように湾曲や双曲した曲線がベースとなって、空間幾何学は構成されることになりますので、「非ユークリッド幾何学が採用されている」とお伝えした次第です。

そのように〈入れ子式〉の表裏でできている次元空間は、ビッグバン理論でも宇宙は小さな

1点からはじまったと言われているように、もともとは一つでした。もともとは一つだったものは、現代科学でも〈量子のもつれ〉として、どんなに離れたとしても「コインの裏表」として運命共同体のような運動をすると言われています。次元においてもそれは同じで、根源的に一つだったものは、それがいくら多くに分かれて次元を構成しようと、共鳴し、連携する作用があるのです。

その連携のための情報のやりとりをしているのが〈音〉です。その〈音〉というのは、3次元空間で空気振動によって伝わる〈音波〉ではなく、〈あの世〉と〈この世〉の意識の樹状経路（直日ネットワーク）を経由して伝わるもので、それは距離的にどんなに離れていようとも一瞬にして伝わる仕組みになっている〈あの世からの振動＝音〉のことです。（※3次元の音とは異なり、真空においても伝わる）

情報というのは、3次元では〈言葉〉に、5次元では〈ヴィジョン〉に、7次元以上では〈音〉に記録するシステムになっています。それらの情報集容量を例えると、言葉はCD程度、ヴィジョンはUSB程度、〈音〉はスーパーコンピューターのメモリーほどに、そのデータ保存量には違いがあります。

ですから、〈音〉であれば、情報を集約させて全体に瞬時に伝えることができます。もちろん、自我から見て、その〈音〉にまで至る情報にするためには、まずはすべてを言語化し、さらにそれを統合してヴィジョンや図として把握した後に、ようやくその〈音〉としての情報になる、という段階があります。しかし、一度作った〈音〉情報というのは、〈リセット・リスタート〉後に再度次元を作っていくときにも使用されることになります。

科学でも言われているように、情報は消えないのです。もちろん、その保存形態は次元によって変わりますが、その内容は全体の叡智として集積されていくからです。つまり〈音〉は次元ごとの叡智をコンパクトに集積したメモリーであり、情報伝達手段でもあるということです。そのような〈音〉があるからこそ、各次元間の情報交換がつつがなくなされているといえるのです。

これらが、本来の次元の〈時間性〉、〈空間性〉、〈情報伝達〉に関するあり方です。科学における次元解釈も、旧来の一般的なものだけではなく、量子の世界から紐解いた解釈も多数展開していますので、共有できる箇所は増えてきているというのが現状かもしれません。しかし集合意識としては、やはりまだ〈科学領域での次元の定義≠本来の次元の定義〉といえるのではないでしょうか』（2020年9月3日）

11 〈全知全能の神〉と〈無知の知の神〉

▼〈全知全能の神〉から〈無知の知の神〉へ

【討議のまとめ】

「図２（１２６ページ）に従ってみれば、〈大元の神＝直日〉からの意識が、外から内のコースと、内から外のコースと、二手に分かれて出ている。右側の〈この世〉は、〈体験の場〉＝ホログラフィック・フィールドとして９→７→５→３次元と、この世的な観念では１３８億年という長い時間をかけて作っていき、その最終的な創造物としての〈この世の私〉がいる。

一方、左側の〈あの世〉の〈情報の場〉＝アカシック・フィールドは、右側で体験した学びをストックするところとなっているが、同時にそこにいる〈あの世の私〉から〈この世の私〉に〈今〉必要なボールを投げかけている。

〈あの世〉と〈この世〉の情報量の進化を次ページの図で説明すると、〈この世〉の△は〈神のリーラ〉として徐々に分身（※人間とは限らない）を増やしていき、今私たちは、その一番底辺

〈あの世〉と〈この世〉の情報量の進化

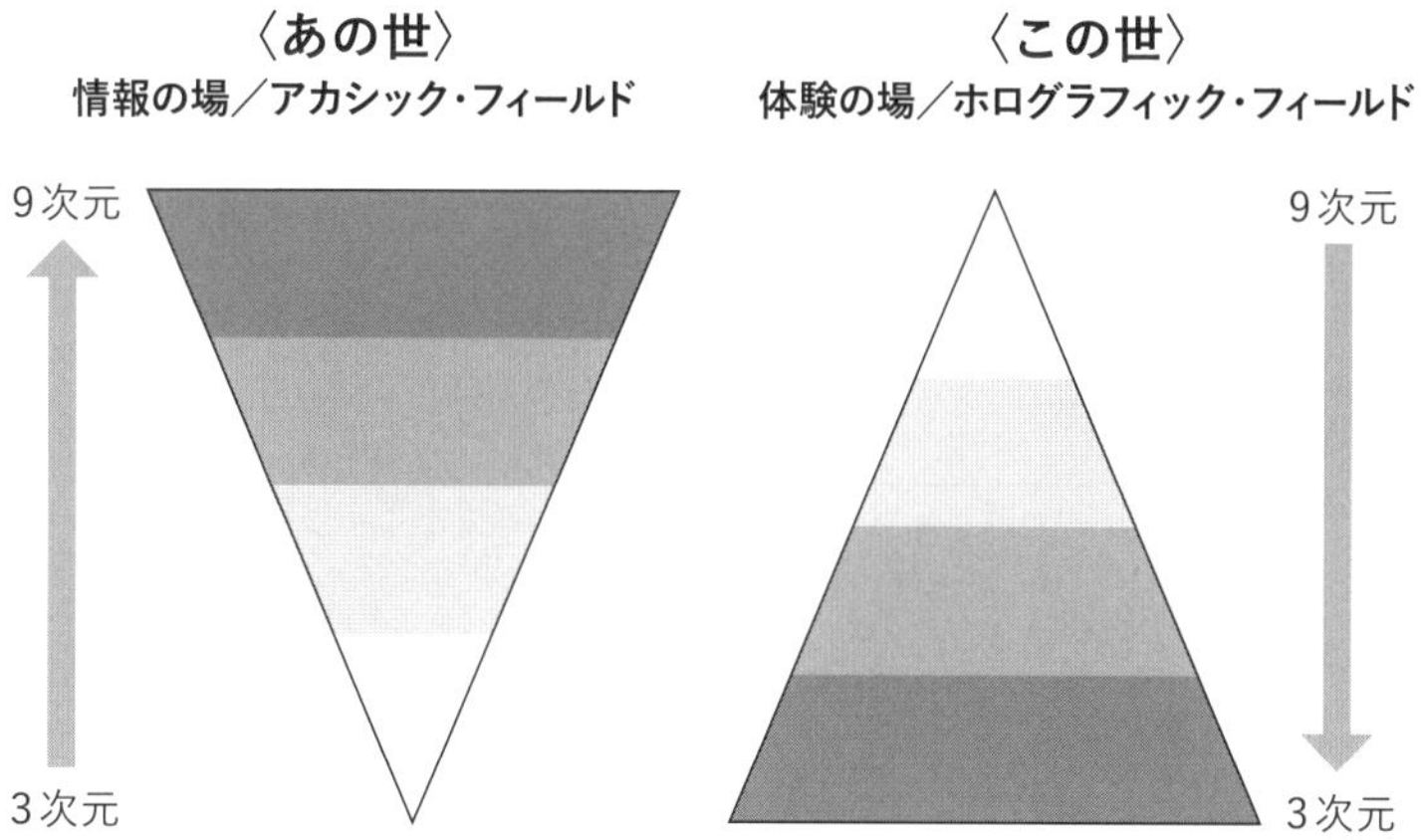

である3次元での体験をしている。そこは、これまでの9→7→5→3次元へと至る全次元を総括したような最も複雑で高度な〈体験の場〉となっており、むしろその難易度から言えば、3→5→7→9次元へと次元を上げてきた、と言った方がわかりやすいかもしれない。

だから、この3次元での学びというのは、当然左側の〈あの世〉のアカシック・フィールドで言うならば、▽の一番上辺の9次元にストックされるものになる。そして、これまで一般的に思われてきた〈全知全能の神〉というのは、そのように最大限の学びがストックされてきた9次元のアカシック・フィールド総体のことをいうのではないだろうか。

しかし、私たちが11次元に王手をかける

きっかけとなったのは、実は本当の〈大元の神〉というのは、その〈全知全能の神〉ではなく、〈無知の知の神〉だったのではないか、という認識だった。

つまり、ただ宇宙にポッカリ独り浮かんでいるだけでは、「自分とは何か」を知ることはできないので、いろいろな分身を作ってさまざまな体験をし、それを「ありのままに見て―受け入れて―学ぶ」ことによって「自分とは何か」を知ろうとする。そのような〈神のリーラ〉を始めたのが、大元の〈無知の知の神〉であり、それは〈全知全能の神〉よりも上位の存在なのではないか、という認識であった。

そのような文脈から考えるならば、〈この世〉と〈あの世〉を開いたのは、その〈無知の知の神〉だった、ということになる。だからこそ、その分霊として最終的に創られたホモサピエンスは、同じような〈好奇心〉によって、ここまで〈この世〉と〈あの世〉を探究することになったのだろう。

そのような〈無知の知〉による好奇心によって探究してきた〈神の分霊としての〉人類が、3次元→7次元→9次元とすべてを解明しつくしたところで、さらなる〈無知の知＝好奇心〉によって次の次元を開くことになる。それは、それまでの次元をすべて体験し学び尽くしたら、完全調和になって〈無知の知の神〉は退屈してしまうので、再び次の〈自発的対称性の破れ〉

が起きて、11次元が拓かれるということなのだろう。

図2や図8（283ページ参照）のように図式化すると、どうしても段階的な層があるように感じるが、〈あの世の私〉がどの段階（次元）にいるにしても、結局はすべて〈大元の直日＝神〉の中にいる分霊ということには変わりはない。

だから、その神の分霊でもある〈あの世の私〉は、〈この世の私〉の現状をすべて見透かしたところで、それに見合ったボール（＝意識）を投げて、私たちの脳の必要箇所をスイッチONし、それによって外界（＝ホログラフィック・フィールド）が映し出されている。

それに対して、〈この世の私〉は、ホログラフィック・フィールドで学んだ真理を、〈あの世〉のアカシック・フィールドに書き込んでいる、ということなのだろう。霊媒というのは、そのアカシック・フィールドに〈意識〉を向けてスイッチONすれば、そこに書き込まれている必要な情報（＝メッセージ）を降ろしてこられる人、ということなのかもしれない。

このように、〈無知の知の神〉は分霊にさまざまな体験をさせて、そこから学びを得るために、〈あの世〉と〈この世〉に分けたのではないか。〈この世〉は外界の体験の場として、〈あの世〉はそこで学んだ情報を叡智として集約していく内界の場として機能している。私たち人類は今、そのような〈天地の対話〉によって、全構造をほぼ解明し、限りなく100→0に近づきつつあるのかもしれない」（2020年9月7日）

▼科学者の特性と役割

【討議のまとめ】

「科学者は、基本的に第3層の肉体脳によって宇宙の構造（＝この世の構造）を物理的に究明しているが、本当に先進的な発見は、夢の中とか、目覚めの時とか、入浴中とかに「ひらめいた」という人が多い。

それは、第3層の肉体脳が抑制されて、第1層の霊体脳によって無意識的に天とつながり、「ひらめき」という形でヒントをもらった、ということなのではないだろうか。つまり、科学者も意識してはいないが、実は（→）のルートでも、神がどのようにこの体験の場を作ったのかというヒントをもらっている、ということもあるのではないだろうか。

例えば超ひも理論によれば、この世は9次元でできているとか、ブラックホール、対生成・対消滅、人間原理、多世界解釈など、現段階ではまだ仮説にとどまっているにしても、それらの解明がなければ、私たちの〈あの世〉の解明が9次元にまで至ることはなかった。

つまり、科学者による〈この世〉の解明（＝ヒモの解明）がなかったならば、私たちの〈あの世〉の解明（＝意識の解明）は9次元までには到達できなかった。科学者が解いていった宇宙（＝外的世界）の構造を手掛かりにすることができたからこそ、私たちもここまで〈あの世

＝内的世界〉を探究することができたのだろう。

図3（136ページ）や図8（283ページ参照）に示したように、この世の3次元にいれば、あの世の5次元が〈全知全能の神〉になり、5次元にいれば7次元が、7次元に居れば9次元がという具合に、常に一段階上のアカシック・フィールドが〈全知全能の神〉ということになる。

そのようにして、最終的に9次元の〈全知全能の神〉に至った時に、新たな11次元の〈無知の知の神〉を切り拓くことが可能になる。そして、その11次元の〈無知の知の神〉が、一段階難易度を上げた新たなホログラフィック・フィールド（＝体験の場）と、アカシック・フィールド（＝情報・叡智の場）を創って、また新たに人類の謎解きゲームが始まるのだろう。

しかも、次の外から内（←）の探究と内から外（→）の探究とが、再び〈今〉で合わさった時に、内界＝外界となって次の13次元を拓くことになる。そうやって、この地球の謎解きゲームは永久に続いていくのではないだろうか。

外界の科学的探究は私たちの領域外であったが、その外界を探究する科学者たちの「知りたい！」という〈無知の知〉によるモチベーションは、どの分野の方々も感服すべきものがあった。そういう意味では、科学者はしっかりと〈無知の知の神〉に貢献している、と言えるのではないだろうか。

だから、彼らのように外界の真理（9次元までの宇宙の構造）を探究している方々は、無意識的には〈あの世の私〉の次元を9次元まで上げているのかもしれない。そしてお互いにその9次元の集合意識を共有しながら、無意識的にその歩調を同調させていたのかもしれない。

というより、究極的にはこの世の夢は、神の作ったストーリーであるとするならば、その中で私たちのように内界（意識）を探究する側と、科学者のように外界（ヒモ）を探究する側が、同時並行的に進んできたというのは当然のことなのだろう。

この現象界の中で外的世界が確固としたものとするならば、TVに映し出される科学者たちは見知らぬ人にすぎないが、「内界が外界を作っている」とするならば、内なる世界では同じお仲間のようにも感じる。

結局どの分野においても、最先端を行く科学者・研究者は、〈無知の知〉の「知りたい！」という好奇心があるからこそ、ここまで探究してこられたのではないか。そのように、最終ランナーであるホモサピエンスが、みんなで最後の1秒を疾走しているような気もする」

（2020年9月7日）

『お疲れ様でした。とても難しいテーマだったと思いますが、〈大元の神〉や〈全知全能の神〉や〈あの世の私〉などの言葉を明晰に定義した上で、意識の流れを正確に捉えていただいているように思います。

3次元の自我というのは、最終的には〈あの世〉の9次元のアカシック・フィールドに叡智を書き込む役割で、その解明は〈あの世〉の内的世界を探究するチームと、〈この世〉の外的世界から法則を読み取る科学チームに分かれ、その両者の進展は9次元の〈あの世の私〉で共有しているために、進捗状況は同調しているところがあります。

皆さんの1日1日が、アクセスする次元を上げるほどに濃くなっているのは、それだけ多くの情報のスイッチONが脳内でなされる、意識のパワーの真っただ中にいるからです。それは最後の1秒が、急速に加速する理由でもあります。同じ1日でも皆さんに届く情報量は、以前とはずいぶん変わっている、ということです。これからの1日1日を、そのような意識でお過ごしいただければと思います』（2020年9月8日）

▼〈ヒモ〉か〈意識〉か〈ヒモ＋意識〉か

【討議のまとめ】

「（日本では）万物に霊魂が宿ると言われてきたが、それは神が創ったものにはすべて直日があり、そこに意識が流れてくるということだろう。もちろん小さな微生物等は類魂としての直日かもしれないが、滝や岩でもすべて〈大元の神〉が創ったものには、意識が通っていると思われる。一方で、人間の観念によって作られたものは、何であれ直日をもたないということなのだろう。

そう考えればリセットというのは、地球全体を刷新するというより、人間の自我が作った人工物をリセットするということなのかもしれない。神の創った世界と人間の作った世界が拮抗している間はいいけれど、人間の作る世界が暴走し、地球全体のバランスを決定的に損ねた時に、今一度元に戻すというのが〈リセット〉なのではないだろうか。

そうすると、〈リセット・リスタート〉するのは、ヒモなのか、意識なのか、それとも〈意識＋ヒモ〉なのか、ということを今一度疑問に思う。今までの言い方からすれば、一瞬意識を抜いて、また新たな意識を入れることで、この世を作ってきた観念が一瞬にして消えて、この地球自体も刷新される、ということだった。しかし、先のメッセージから言えば、今は〈意識＋ヒモ〉ということになっているのではないだろうか」（２０２０年9月11日）

『9次元から11次元への新たな〈リセット・リスタート〉ということで考えるならば、それは意識とヒモの両方になります。最初に伝えられていた3〜7次元のリセットという場合は、9次元の天が主導的に行う計画であったために、一瞬「意識を抜いて、意識を入れる」という天からの目線で語られていました。7次元の〈色即是空 空即是色〉の法則では、すべての現象は意識によって成り立っていて、〈この世〉は神が見ている夢である、ということまでわかっていればよかったからです。

しかし、11次元へのリセットを考える場合は、〈大元の神〉が〈この世〉と〈あの世〉に分けたものを再統合して新たなビッグバンを起こすということですので、宇宙がどのようにはじまり、どのように終わるのかという、〈この世＝外的世界〉の解明も必要になりました。それは意識だけでなく、ヒモの解明も必要となり、〈ヒモ＋意識〉をさまざまな面から考えなければならなくなった、ということです。

まず、〈あの世＝内的世界＝情報（叡智）〉という面から考えるならば、9→3次元のホログラフィック・フィールドでさまざま体験した学びを、最後の9次元のアカシック・フィールドにほぼ書き込み、さらに10次元の（黒の）直日に張り付けるべき法則も明らかにしたときに、100が0にひっくり返って〈リセット・リスタート〉が起きる、ということでした。

それは、〈無知の知の神〉の〈知りたい〉から始まった〈この世とあの世〉の〈神のリーラ〉が、ほぼ知り尽くして〈神の謎かけ〉をクリアしたところで、〈自発的対称性の破れ〉がおきて、もう一段階上の11次元を拓く、ということです。

一方、〈この世＝外的世界＝物質&エネルギー〉という面で考えるならば、外的世界は内的世界と連動しているので、内的世界での〈リセット・リスタート〉は、当然外的世界にも反映されて〈リセット・リスタート〉が起こる、ということになります。

それが具体的にはどのような形で起こるかというと、全宇宙の物質がブラックホールに吸い込まれるという逆インフレーション（＝リセット）が起き、次の瞬間にインフレーション（＝リスタート）が起こってビッグバンとなるということです。

しかも、その時に内と外がひっくり返るということでしたので、図8（283ページ参照）によれば左側が〈この世〉となり、右側が〈あの世〉となります。そうすると、各シールドのブラックホールとホワイトホールも逆転するので、左側になった〈この世〉ではブラックホールに書き込まれた法則に従って、次の次元を拓くことが可能になります。

そのようにしてまた3次元の地球ができるには、地球時間にすればまた百何十億年という長い年月がかかるように思われますが、本来は〈神の瞬き〉のごとく一瞬にして、また地上に人類が戻っていることになるでしょう。

ただし、これらのことは、実際にはすべて人間の脳内で起きている現象でもあるので、最後に〈脳〉という観点から〈リセット・リスタート〉を考えてみましょう。

〈この世〉は基本的に第3層の肉体脳に映し出されている世界であり、もう一方の〈あの世〉は第1層の霊体脳に映し出されている世界であるといえます。その両者を隔てているのが、第

2層の幽体脳で、第3層の肉体脳で、幽体脳にあるすべての感情や観念を、第1層の叡智へと変換していった時に、肉体脳と霊体脳が重なり、その結果〈この世〉と〈あの世〉が重なり、〈リセット・リスタート〉が起こる、ということになります』（2020年9月11日）

12 まとめ…図8 天と地の対話

最後のまとめとして、ここまでの〈天地の対話〉を最も包括的に図式化した図8「天と地の対話」とその解説を、次にご紹介しましょう。

図8 天と地の対話 解説

❶〈この世〉と〈あの世〉の対話

『この図8は図2(126ページ)を展開させ、〈あの世とこの世〉、すなわち〈天と地の対話〉に着目して、その関係性を分かりやすく示すために、左右の次元をずらしてまとめ直したものです。

〈この世〉のホログラフィック・フィールドは、一つ上の段階の〈あの世〉のアカシック・フィールドの情報にアクセスすることによって、法則や秩序のある現象界を維持し、さらに発展させ

【図8】天と地の対話

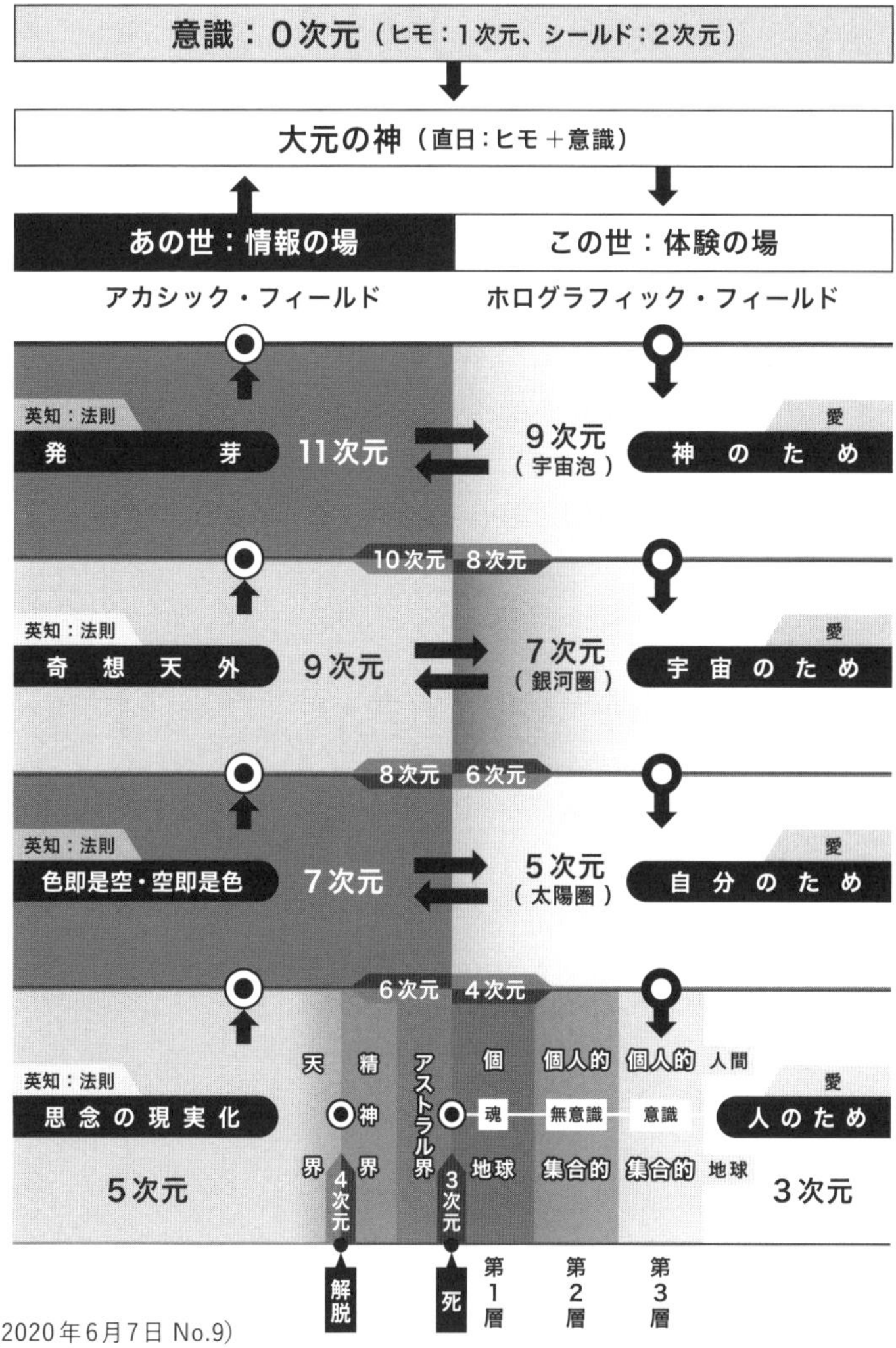

(2020年6月7日 No.9)

ることができます。

例えば〈この世〉の5次元であれば、自分たちが創造した〈美〉が、〈あの世〉の7次元の〈法則を表している〉幾何学模様に照応しているかどうかを検討することによって、より進化を遂げるための学びとなっています。

もし自分のいる次元しか見えていなければ、同じことの繰り返しとなり、停滞していくものなのです（＝今の地球の状態）。しかし、その上位次元の〈あの世〉が視野の中に入り、向上の目標となることによって、進化が促進されるのです。

上位の次元に進化するというのは、より大きな目で見るならば、大元の神に向かって次第に回帰していくことでもあります。ただし、単に回帰するというよりは、ホログラフィック・フィールド（＝体験の場）でのさまざまな体験から学んで、徐々に魂の向上進化を遂げていくともいえます。

そのような進化の流れがあったからこそ、この宇宙は原初のシンプルな9次元から、7次元、5次元、3次元へと、より複雑な〈この世〉を創ることができたのです。

❷ 難易度の高い3次元

そして（最下層の）3次元は、ご覧の通り最も複雑で、高度な仕掛けがされたホログラフィック・フィールドとなっています。この3次元の〈この世〉において、〈あの世〉の天界とつながって対話するためには、いくつもの難関を乗り越えなければなりません。それを一回の人生でクリアすることはできないので、〈輪廻転生〉というシステムまで組み込まれました。

その結果、〈個の魂〉であっても無数の転生を繰り返すことによって学びを積み重ね、最終的には〈解脱ポイント＝4次元の直日〉に達して天界に至る、ということが可能になりました。そしてその段階になれば、この地球での学びはすべて卒業して、本来は〈この世〉に再生する必要はなかったのです。

ところが、現代においてはそのような方々が、〈アセンション〉や〈リセット・リスタート〉という使命を果たすために続々と再生していました。そして、その場合は、地上に居ながらにして、自我が第3層から第2層、第1層に至り、さらに解脱ポイントの〈4次元の直日〉にまで至ったときには（＝自分が神の分身であったことを思い出したときには）、いよいよ〈あの世〉の天界との対話が可能になります。実はこれまでのすべての解明は、その〈天と地の対話〉によって行われてきたのです。

❸ 天界と地上界の関係性の変化

まず、リセットの情報が本格的にはじまる前の初期段階では、天界はまだ5次元のレベルにとどまり、従来の〈スピリチュアリズム〉で言われてきた内容の延長線上で、アカシック・レコードに蓄えられていた情報が語られていました。

そのときは、天界がリードしてその情報を降ろし、皆さんはそれを受動的に受けるという状況であったと思います。そして、その時々に合った情報を降ろしていたのは、私たち天界にいるそれぞれの個性でした。

しかし地上の皆さんが、〈この世〉での体験による学びと、〈あの世＝天界〉からのメッセージを集積し統合することによって、5次元ばかりか7次元以降のアカシック・フィールドにも、どんどん新たな情報を書き込んでいったのです。

それにつれて、天界のメンバーはそれまでのリードする立場から、共に学び進化するという関係に次第に変わっていきました。なぜなら、新たな情報をアカシック・フィールドに書き込むのは、ホログラフィック・フィールドでさまざまな体験や学びを重ねている地上側からしかできず、それを天界の私たちが共に学ぶ、という状況になっていったからです。

そして、最終的に大元の9次元にまで至った段階では、天地はほぼ対等な関係になり、それゆえ3次元から〈新たな地球〉が躍り出るという快挙が、令和になった瞬間に成し遂げられました。

また、さらに11次元にまで王手をかける段階になった頃からは、むしろ地上の皆さんが主導して解明していく、という流れになりました。その結果、今や3次元の〈この世〉の皆さんと、5次元の〈あの世〉の私たちとが協力して、9次元から11次元への〈リセット・リスタート〉にチャレンジする、という段階に至ったのです。

❹シールドを解除するには

リセットの時にのみ〈この世〉の側から〈直日〉を通ってシールドを解除できるのですが、皆さんが予想をはるかに超えて、果敢に4次元↓6次元↓8次元のシールドを次々と突破してくれたおかげで、私たち天界の側でも新たな11次元を拓くための叡智を集積することができました。これは、極めて稀な状況になっているわけで、地球時間にして言うなら、この宇宙が生まれて138億年経った今、はじめてそれが可能になったということです。

つまり、（数字だけでみれば）最も低次元の3次元の肉体脳と5次元以上の霊体脳の協力によって、今や9次元の〈大元の神〉を一段階進化させるほどの叡智に迫っている、ということです。実は、〈無知の知〉から始まったこの謎解きゲームの最終目標は、さらに難易度を上げた11次元のゲームへと進化させることにありました。それゆえにこそ9次元の愛は、〈神のため〉となっていたのです。

そのようなチャレンジは、〈天〉だけでも〈地〉だけでもなし得ず、ひたすら〈天地の対話〉を続けて、〈この世〉と〈あの世〉の叡智を積み重ねてきたことによって可能になったのです。

❺左右逆向きの〈直日〉

なお、図8の補足説明をするならば、直日マークが左右で異なっているのは、〈この世〉側は上がブラックホール、下がホワイトホールの直日となり、上から下へと法則を通して新たな〈この世〉を拓いていくことを表しています。

その一方で、〈あの世〉の側では、それとは逆に下がブラックホール、上がホワイトホールの直日となっているのは、各次元の学び（叡智）をアカシック・フィールドに書き込み、その次元の法則をブラックホールへと貼り付けることによって、〈直日〉を通ってそのシールドを超え、次の次元に進むことができる、という仕組みになっているからです。

例えば、〈3次元の直日〉を抜けるには、叡智としての〈因果応報の法則〉をクリアし、3

次元の愛である「人のため（＝自分のしてほしいことを相手にする）」というゴールデンルールを学ぶ。また〈4次元の直日〉（＝解脱ポイント）を抜けて天界へとつながるには、第2層に蓄積された感情や観念から脱却していく、ということが必要です。

そのために、皆さんは自分を「ありのままに見て―受け入れて―学ぶ」という〈魂の対話〉を、ひたすら続けてきたわけです。

3次元～7次元までの地球を含む宇宙全体を総合的に機能させるために、6次元と8次元のシールドによって他の次元につながるのをブロックしていましたが、〈天地の対話〉によって各次元で学ぶべき〈愛と叡智〉を一つずつクリアすることによって、〈リセット〉の際は、それらのシールドがすべて一瞬だけ解除されて、他の宇宙や他次元などそれぞれが行くべきところに進むことができるようになります。それが〈この世〉の現象的には、新たなビッグバンの大花火となる、ということです。

ここまで至ったのは、各人の特性を生かしてチームで進んでこられた地上の皆さんと、私たち天界のワンネスの総力によるもので、もはや最終ゴールは目前に迫っています。最後までみんなで力を合わせて、大いに楽しみましょう！』（2020年6月7日）

おわりに

２０１５年秋に当時習っていたフルートの先生から、「呼吸の状態が気になるので、病院で診てもらった方がいい」と勧められ、気軽に受診してみたところ、肺の機能が6〜7割にまで低下しているとのことでした。それに対する有効な治療法はあまりないようなので、まあ60代半ばまで悔いのない人生を送ってきたことだし、「自然に生きて、自然に死にたい」と伝えて、以来一切の検査も治療も受けないまま今日に至っています。

検査を受けた病院は、かつて精神神経科に勤務していた総合病院でもあったので、それ以降まったく受診しなかったせいか、いつの間にか私は死んだことになっていたようでした。それほど検査結果は深刻なものだったのかもしれません。

しかしありがたいことに、今なおそれほど支障なく日常生活を送ることができているのは、朝の20分間ヨガが効を奏しているようにも思います。１９９０年頃に友人から勧められて通っていたヨガ教室は、空中浮揚で有名な成瀬雅春先生が主宰されている教室で、そこの空気に短期間でも触れたことは、私にとっては大きな体験となりました。

とは言え、ときには酸素濃度が下がったり、肺に違和感を持ったりすることがなくはなかったのですが、本書でも書いてきたように霊体に意識を向けたり、〈色即是空・空即是色〉、「あると思えばあり、ないと思えばない」ということで、意識の在り様をコントロールしてきた面もありました。そういう意味では、本書でまとめてきたことを、自分の身体をかけて実験してきた、というような気もします。

かつて健康だったときは、子育て支援のための講演や研修で全国を飛び回っていたのですが、2017年秋に玄関先でサナギから羽化しかかったままこと切れたチョウを見たその日に、『飛べないチョウにならないように』というメッセージを受けました。それ以降は、その警告に素直に従って一切の社会活動から退き、伊勢で〈魂の対話〉と〈天地の対話〉に専念する日々となりました。そうなってみると、それはそれでなかなか楽しい毎日になったのです。

そうした中で、宇宙物理学をはじめとするさまざまな科学的動向を知るためには、本以外にも、『コズミック・フロント』や『サイエンスZERO』などのテレビ番組、そして『ニュートン』(Newton)や『別冊日経サイエンス』などの雑誌は、最新情報を得るためには大変参考になりました。

現代の科学者が、熱烈な好奇心によって新たな発見に挑んでいく姿はなかなか感動的で、いつも心躍る思いで学ばせていただきました。また科学者と同様に、必要に応じてどこまでも出かける番組制作者や取材の方々にも、毎回頭の下がる思いがしました。

例えば、『神の数式』という番組では、プリンストン大学のジョン・シュワルツさんが、「超ひも理論」を極めていく姿が丁寧に描かれていました。一旦見捨てられた「ひも理論」を、〈絶滅危惧種〉と揶揄《やゆ》されながらも「超ひも理論」へと展開し、最終的にマイケル・グリーンさんと共に、〈神の数式〉と言われるまでに仕上げていかれたその過程で、n＝496という完全数が繰り返し出てきて、〈神の数式〉に辿り着いた瞬間には、大きな雷鳴が轟いたという話は、たいへん興味深く感じられました。

というのは、私自身の体験談をまとめた『〝則天去私〟という生き方　心理学からスピリチュアリズムへ』や、『天の法則・地の法則　夫の末期がん一年一ヶ月の記録』という本においても、なぜか重要な場面では突然雷鳴が轟くことが多かったからです。また、私たちの〈天地の対話〉においても、重要な洞察に達したときに突然雷が鳴った、ということも何回かありました。

さらに、先日見ていた『サイエンスZERO』の「超巨大雷スーパーボルト——〝対消滅〟の謎を追え」という番組では、理化学研究所の榎戸輝揚さんが登場されて、巨大雷の中では物質と反物質の対消滅が起こっているという発見をし、2017年に『ネイチャー』(Nature)誌にその論文が掲載されたところ大変注目された、という話をされていました。

それを見ながら、「超ひも理論」の最終解のときの雷鳴と、私たちが聞いた雷鳴と、物質と反物質の対消滅によって生じる雷鳴とが、どこか深いところで結びついたように感じられたのです。しかも、本書の出版のために伊勢までお越しいただいた、ナチュラルスピリット社の今井社長と、最後にこの雷の話をした直後に、突然雷鳴が轟いて、一同思わず顔を見合わせてしまいました。結果的にそのことが、出版に対する私たちの迷いを、払拭することになりました。

なお最後に、今井社長をご紹介いただいた『意識科学』編著者の米田晃さんや、〈魂の対話〉に参加していただいた多くの方々、また必要な時には全国からお集まりいただいたサラ・プロジェクトの皆さん、そして終始あたたかくサラ・チームを見守ってきてくれたパートナーの河合真如さんと、〈天地の対話〉にお付き合いいただいた〈あの世〉の方々にも、心からの感謝の意を表したいと思います。

私たち人類が知らないことはまだまだたくさんあり、おそらくどこまで解明していっても、〈無知の知の神〉は、またその先で微笑んでおられるような気がします。それでも昨今の科学的解明は目覚ましいものがあり、現在の宇宙泡の始まりのゼロ点に達するのも、もはや時間の問題ではないかと思います。

本書が、その最後のブレークスルーに何らかのヒントになることを願いつつ、この辺で私たちが見てきた神話とも言えるような物語を終えることにしたいと思います。

サラ・プロジェクト代表　三上直子

［参考文献一覧］

アイヴァン・クック『コナン・ドイル―人類へのスーパーメッセージ』（講談社、１９９４）
アーヴィン・ラズロ『叡智の海・宇宙　物質・生命・意識の統合理論をもとめて』（日本教文社、吉田三知世訳、２００５）
浅野和三郎『読みやすい現代語訳 心霊講座』（ハート出版、２０１４）
甘利俊一・伊藤正男・利根川 進『脳の中身が見えてきた』（岩波科学ライブラリー、２００４）
池内了『物理学と神』（講談社学術文庫、２０１９）
岩田誠監修『史上最強カラー図解 プロが教える脳のすべてがわかる本』（ナツメ社、２０１１）
ウィリアム・クルックス『心霊現象の研究―心霊科学の世界的古典』（たま出版、森島三郎訳、１９８０）
大栗博司『重力とは何か アインシュタインから超弦理論へ、宇宙の謎に迫る』（幻冬舎新書、２０１２）
大栗博司『大栗先生の超弦理論入門』（ブルーバックス、２０１３）
岸根卓郎『量子論から解き明かす「心の世界」と「あの世」　物心二元論を超える究極の科学』（PHP 研究所、２０１４）
小松 英一郎・川端裕人『宇宙の始まり、そして終わり』（日経プレミアシリーズ新書、２０１５）
桜井邦朋『宇宙には意思がある　ついに現代物理学は、ここまで解明した』（クレスト新書、１９９５）
佐藤勝彦『宇宙１３７億年の歴史 佐藤勝彦 最終講義』（角川選書、２０１０）
佐藤勝彦『宇宙「96％の謎」宇宙の誕生と驚異の未来像』（角川ソフィア文庫、２０１４）
スティーブン・W・ホーキング『ホーキング、宇宙を語る　ビッグバンからブラックホールまで』（早川書房、

林一訳、１９８９）
野村泰紀『マルチバース宇宙論入門 私たちはなぜ〈この宇宙〉にいるのか』（星海社新書、２０１７）
ハリー・エドワーズ『ジャック・ウェバーの霊現象』（国書刊行会、近藤千雄訳、１９８５）
二間瀬敏史『宇宙の謎　暗黒物質と巨大ブラックホール』（さくら舎、２０１９）
松原隆彦『宇宙に外側はあるか』（光文社新書、２０１２）
松原隆彦『宇宙の誕生と終焉 最新理論で解き明かす！　１３８億年の宇宙の歴史とその未来』（サイエンス・アイ新書、２０１６）
松原隆彦『目に見える世界は幻想か？～物理学の思考法～』（光文社新書、２０１７）
三沢直子『〝則天去私〟という生き方　心理学からスピリチュアリズムへ』（コスモスライブラリー、２００６）
三田一郎『科学者はなぜ神を信じるのか』（講談社 BLUE BACKS、２０１８）
村山斉『宇宙は何でできているのか』（幻冬舎新書、２０１０）
村山斉『宇宙は本当にひとつなのか―最新宇宙論入門』（ブルーバックス新書、２０１１）
村山斉『宇宙はなぜこんなにうまくできているのか』（集英社インターナショナル、２０１２）
保江邦夫『神の物理学　甦る素領域理論』（海鳴社、２０１７）
米田晃他編『意識科学　意識が現象を創る』（ナチュラルスピリット、２０１６）
ロジャー・ペンローズ『心は量子で語れるか―21世紀物理の進むべき道をさぐる』（ブルーバックス、中村和幸訳、１９９９）
ローレンス・クラウス『宇宙が始まる前には何があったのか？』（文春文庫、青木薫訳、２０１７）

Newton 別冊
『ダークマターとダークエネルギー』（ニュートンプレス、2013）
『重力とは何か』（ニュートンプレス、2016）
『現代物理学3大理論』（ニュートンプレス、2017）
『時間とは何か』（ニュートンプレス、2018）
『脳のしくみ』（ニュートンプレス、2018）
『無（ゼロ）の科学』（ニュートンプレス、2019）
『宇宙誕生』（ニュートンプレス、2019）
『超ひも理論と宇宙のすべてを支配する数式』（ニュートンプレス、2019）
『次元のすべて』（ニュートンプレス、2019）
『新訂版　量子論のすべて』（ニュートンプレス、2019）
『138億年の大宇宙』（ニュートンプレス、2020）

Newton
『パラレル宇宙論　並行宇宙は無数に存在する！』（ニュートンプレス、2014）
『宇宙の果てをめぐる 最新宇宙論』（ニュートンプレス、2015）
『重力波を緊急特集、反物質の謎、脳とニューロン』（ニュートンプレス、2016）
『宇宙の終わり』（ニュートンプレス、2020）

Newtonライト

『超ひも理論』（ニュートンプレス、2017）

『脳といしき』（ニュートンプレス、2019）

ナショナル ジオグラフィック別冊

『宇宙の真実 地図でたどる時空の旅』（日経ナショナルジオグラフィック社、2018）

『脳の謎 誰も知らない隠された能力』（日経ナショナルジオグラフィック社、2019）

日経サイエンス別冊

『意識と感覚の脳科学』（日本経済新聞出版、2014）

『量子宇宙 ホーキングから最新理論まで』（日本経済新聞出版、2018）

著者紹介 ……………………………………………………………

三上(三沢) 直子

1951年生まれ。早稲田大学大学院博士課程修了、文学博士(心理学)。臨床心理士として病院や相談室で働く一方、1999年からは地域における子育て支援活動のためのNPO法人コミュニティ・カウンセリング・センターを運営してきた。2002～2007年は明治大学心理社会学科教授。現在は、伊勢で出版および〈魂の対話〉などを行うサラ企画を運営。著書:『お母さんのカウンセリング・ルーム』、『S-HTP法 統合型HTP法による臨床的・発達的アプローチ』、『"則天去私"という生き方 心理学からスピリチュアリズムへ』、『死の向こう側』など。

山川 蓮

1976年生まれ。同志社大学経済学部卒業。1999年～2001年まで東京の出版社で編集者として働いた後、2002年～2008年まで講演会などの企画会社を経営。2008年に伊勢神宮を参拝し霊的覚醒をし、翌年伊勢に移住。2012年から〈天地の対話〉がはじまる。2016年からはサラ企画のスタッフとして働き、〈魂の対話〉にも参加している。霊媒として受信したものとして『サラ・メッセージ』『コナン・ドイルは語るリセットのシナリオ』がある。

伊藤 友紀子

1982年生まれ。大阪教育大学教育学部卒業。2005～2011年まで小学校教諭として現場で働く。2009年に出身地であった伊勢に戻る。2016年、サラ企画の事務スタッフとして関わる中で、霊的覚醒をし、〈天地の対話〉が始まった。〈魂の対話〉にも参加している。

サラ企画ホームページ https://sara-project.jp

あの世とこの世の仕組み
あの世の科学者との対話を通して見えてきた真実

●

2021年8月8日　初版発行

著者／三上直子

装幀・本文デザイン・DTP／Dogs Inc.

発行者／今井博揮
発行所／株式会社 ナチュラルスピリット
〒101-0051 東京都千代田区神田神保町3-2 高橋ビル2階
TEL 03-6450-5938　FAX 03-6450-5978
info@naturalspirit.co.jp
https://www.naturalspirit.co.jp/

印刷所／創栄図書印刷株式会社

©Sara Project 2021 Printed in Japan
ISBN978-4-86451-368-5 C0010
落丁・乱丁の場合はお取り替えいたします。
定価はカバーに表示してあります。